Leipzig und der Kolonialismus

Gruss von der
Leipziger Messe
AUGUSTUSPLATZ
Heute Alle bei SCHÄFER
Königsplatz
ECHT JAUER'SCHE WURST
BERG u. THAL-BAHN
Kleeblatt vom BRÜHL
Hurrah Seifert's Oskar ist da!

Katrin Löffler

Leipzig und der Kolonialismus

Eine Spurensuche

Inhaltsverzeichnis

Einleitung

Als der Leipziger Verleger Hans Meyer 1889 zum Kilimandscharo zog, hielt er es fast für eine »nationale Pflicht«, dass der wahrscheinlich höchste afrikanische Berg und zweifellos höchste deutsche Berg »zuerst von einem deutschen Fuß betreten werde«.[1] Bei diesem nunmehr dritten Versuch erreichte er am 6. Oktober kurz vor Mittag den knapp 5900 Meter hohen Kibo, die höchste Erhebung des Kilimandscharo-Massivs, gemeinsam mit dem österreichischen Alpinisten Ludwig Purtscheller. Er pflanzte eine kleine deutsche Fahne auf, rief dreimal »Hurra« und nannte den Gipfel »Kaiser-Wilhelm-Spitze«. An seiner Person zeigt sich, wie fließend die Grenzen zwischen wissenschaftlichen und kolonialen Interessen waren. Aus »Deutsch-Ostafrika«, das heute etwa den Staaten Tansania, Burundi und Ruanda entspricht, brachte er geographische Erkenntnisse mit; zugleich vertrat er entschieden Deutschlands koloniale Ambitionen.

Hans Meyers und Ludwig Purtschellers Kilimandscharo-Besteigung in der populären Fassung der »Kolonial-Bücherei«, erschienen 1942 bei Steiniger in Berlin.

In den letzten Jahren hat das Kolonialismus-Thema markant an Präsenz in der deutschen Öffentlichkeit gewonnen,[2] vor allem durch die Debatte um die ethnologischen Sammlungen im Berliner Humboldt-Forum sowie durch die Black-Lives-Matter-Bewegung, die nach der Ermordung von George Floyd im Mai 2020 weltweit Aufmerksamkeit erhielt. Deutschland war im europäischen Vergleich erst spät zu einer Kolonialmacht geworden und verlor seine Kolonien im Ersten Weltkrieg bzw. mit dem Vertrag von Versailles wieder, sodass es nur reichlich dreißig Jahre zu den

Kolonialmächten zählte und in den 1950er und 1960er Jahren nicht in antikoloniale Befreiungskämpfe verstrickt war. Das schien die Auseinandersetzung mit diesem Aspekt deutscher Geschichte weniger dringlich zu machen, und zudem standen die historischen Wissenschaften nach 1945 vor der Aufgabe, die ungeheuerlichen Verbrechen der nationalsozialistischen Diktatur zu erforschen. Doch ungeachtet der kurzen Dauer war der koloniale Gedanke in das Bewusstsein der Gesellschaft eingedrungen, wie neben den übergreifenden Studien auch die Forschungen und Aktivitäten verdeutlichen, die die Kolonialgeschichte auf lokaler Ebene nachzeichnen.[3] Eine hervorgehobene Bedeutung unter den deutschen Städten hatten unzweifelhaft Berlin als Hauptstadt des wilhelminischen Kaiserreichs und folglich Sitz zentraler Organisationen bzw. Behörden sowie Hamburg und Bremen mit ihren Übersee-Häfen und -Handelshäusern.
Leipzig profitierte als Handelsstadt im Binnenland nicht in gleicher Weise von der kolonialen Expansion, aber auch hier waren Menschen, Institutionen und Firmen auf vielfältige Weise involviert. Die folgende Spurensuche, die nur kursorisch sein kann und keinen Anspruch auf Vollständigkeit und erschöpfende Behandlung erhebt, führt zu Leipziger Orten, Personen, Institutionen, Unternehmen und Initiativen, die mit der deutschen Kolonialgeschichte in Zusammenhang standen.

Kolonialismus ist eine Geschichte von Landraub, Betrug, Entrechtung, Unterwerfung und Gewalt, auch in den deutschen »Schutzgebieten«.[4] Reichskanzler Otto von Bismarck verhielt sich gegenüber kolonialen Projekten zunächst reserviert, aber viele Faktoren beförderten den Kolonialismus im späten 19. Jahrhundert: der erstarkende Nationalismus und die damit verbundene Konkurrenz der Staaten um nationales Prestige; die wachsende Industrie, ihr Bedarf an Rohstoffen wie Kautschuk und Baumwolle einerseits und an Absatzmärkten für ihre Produkte andererseits; die neuen technischen Möglichkeiten für die Bewirtschaftung und Beherrschung des usurpierten Landes; der moderne, pseudowissenschaftliche Rassismus, der die »Eingeborenen« zu minder wertvollen Menschen erklärte und die Hemmschwelle für ihre Ausbeutung senkte; sozialdarwinistische Ideen, die ein Recht des Starken und Tüchtigen postulierten;[5] das Bevölkerungswachstum mit Ängsten vor Bevölkerungsüberschuss und knappem Raum,[6] die nach dem faktischen Ende des deutschen Kolonialismus eine bündige, von den Nationalsozialisten aufgegriffene Formulierung in Hans Grimms Roman »Volk ohne Raum« fanden. In diesem 1926 erschienenen dickleibigen Roman, der durch die Idee des Raumes gegliedert wird, wandert die Hauptfigur Cornelius Friebott aus dem Weserbergland nach Südafrika aus, kämpft auf Seiten der Buren gegen die Engländer und wird schließlich Farmer in Deutsch-Südwestafrika.

Nach zeitgenössischem, eurozentrischem Verständnis erlaubte das Völkerrecht den »zivilisierten« Staaten, sich Land »unzivilisierter« Gemeinwesen anzueignen.[7] Die Initiativen gingen zumeist nicht von staatlicher Seite aus, sondern von Geschäftsleuten, Vereinen, Missions- und Handelsgesellschaften. Bekannte Namen sind Adolph Woermann, der Hamburger Reeder und Kaufmann, und Adolf Lüderitz, der Kaufmann aus Bremen, die beide unternehmerisch in Westafrika agierten. Geschäftsleute wie sie forcierten zwar nicht die formelle Gründung deutscher Kolonien, die auch unliebsame staatliche Kontrolle bedeutet hätte, wünschten aber den indirekten Schutz des Deutschen Reichs. In Ostafrika schloss Carl Peters, der sich nach seinem Studium der Geschichte, Philosophie und Geographie der Kolonialpolitik zugewandt hatte, »Schutzverträge« mit lokalen Herrschern ab und bereitete so die Koloniebildung vor. Ein Markstein in der Geschichte ist die berüchtigte »Kongokonferenz«, die vom 15. November 1884 bis zum 26. Februar 1885 in Berlin stattfand und dem Ziel diente, die Interessen der Kolonialmächte in Afrika abzustecken, wobei die Grenzen ohne Rücksicht auf die indigene Bevölkerung und ihre Kultur gezogen wurden.

Am Beginn der deutschen Kolonialherrschaft standen also unterschiedliche privat oder staatlich eingefädelte rechtliche Konstrukte. Sie reichten von »Schutzverträgen« mit lokalen Herrschern und dem mehr oder weniger betrügerischen Landkauf wie in Afrika, der den dortigen Eigentumsvorstellungen und Lebensverhältnissen zuwiderlief, über die erzwungene Pacht wie im Fall von Kiautschou an der ostchinesischen Küste bis zum Deal mit anderen Kolonialmächten, so geschehen bei Palau, den Karolinen und den Marianen-Inseln im Westpazifik, die das Deutsche Reich 1899 von Spanien erwarb. Für die Geschichte des deutschen Kolonialismus sind vor allem folgende Kolonien zu nennen:

- Deutsch-Südwestafrika, kurz »Deutsch-Südwest« genannt, ungefähr das heutige Namibia
- Deutsch-Westafrika, ungefähr das heutige Togo und Kamerun
- Deutsch-Ostafrika, ungefähr das heutige Tansania (ohne Sansibar), Ruanda und Burundi
- Deutsch-Neuguinea, heute ein Teil von Papua-Neuguinea und der Föderierten Staaten von Mikronesien sowie die Republik Marshallinseln
- Deutsch-Samoa, heute Teil des Unabhängigen Staates Samoa
- Kiautschou, heute Teil der Volksrepublik China

Darüber hinaus gab es Gebiete, die nur kurzzeitig unter deutschen »Reichsschutz« gestellt waren und an andere Staaten abgetreten wurden, und solche, die private Akteure »erworben« hatten, aber keinen »Reichsschutz« erhielten.[8] 1890 wurde am Auswärtigen Amt eine Kolonialabteilung eingerichtet,

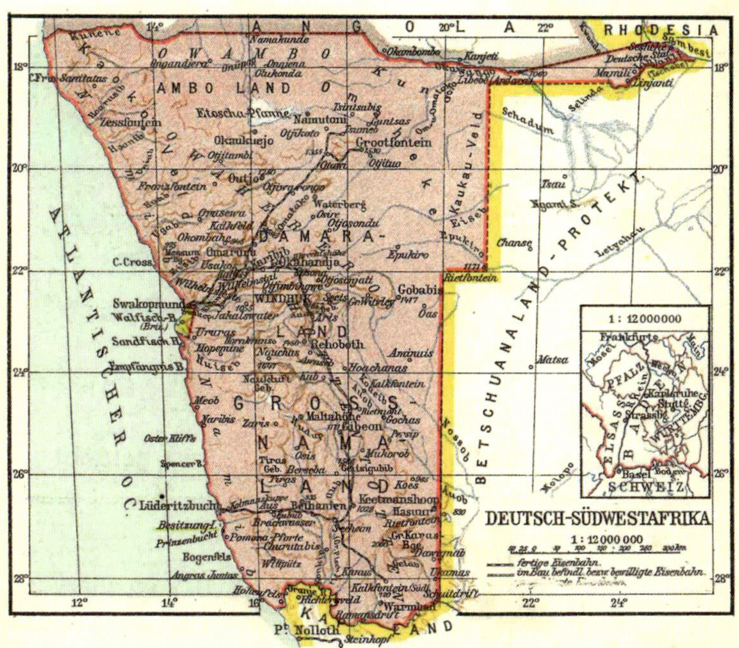

Historische Karten von Deutsch-Ostafrika, das ungefähr die heutigen Staaten Tansania, Ruanda und Burundi umfasst, und von Deutsch-Südwestafrika, dem heutigen Namibia (Kolonial-Handels-Adreßbuch, Berlin 1911).

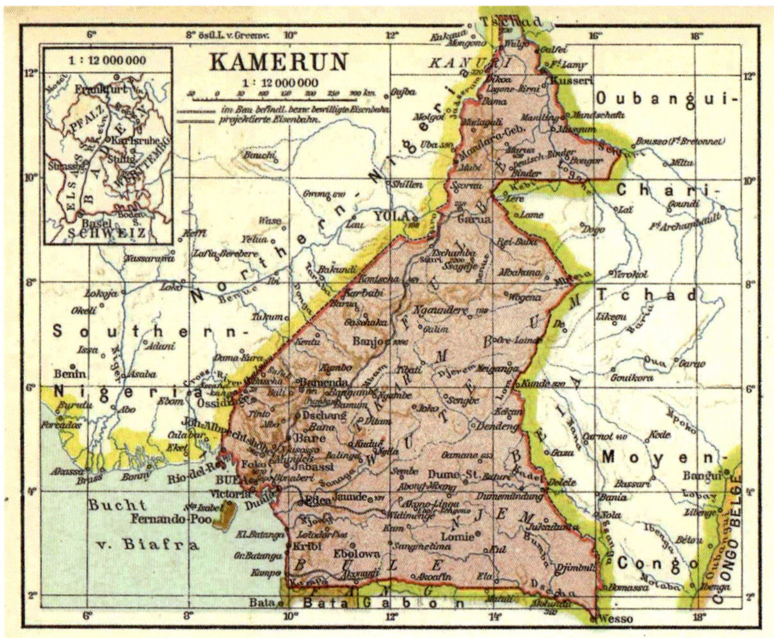

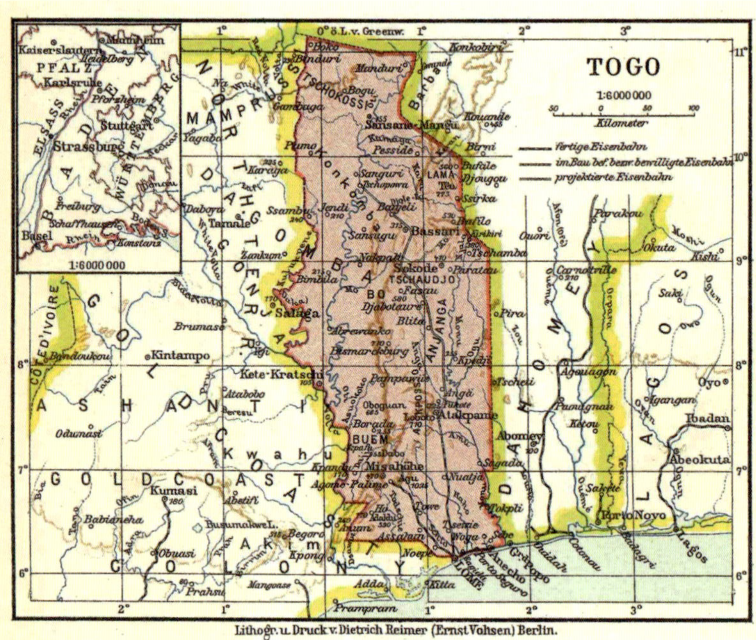

Historische Karten der Kolonialgebiete Kamerun, dessen Grenzverlauf sich mehrfach änderte, und Togo, zu dem noch ein Stück des heutigen Ghana gehörte (Kolonial-Handels-Adreßbuch, Berlin 1911).

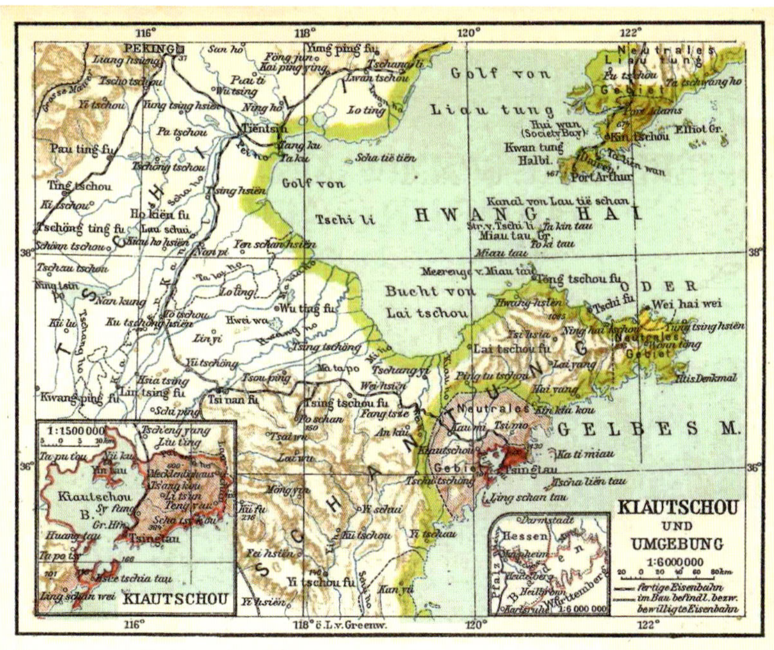

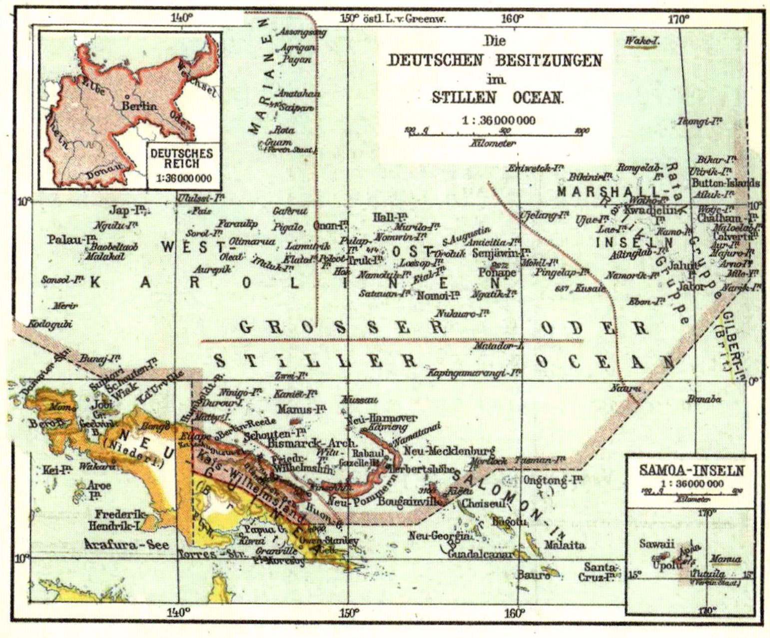

Historische Karten des »gepachteten« Gebiets von Kiautschou mit der Hauptstadt Qingdao und der Kolonialgebiete im Pazifischen Ozean (Kolonial-Handels-Adreßbuch, Berlin 1911).

Besitzergreifende Namensgebung: Prinz-Heinrich-Straße in Tsingtau (Qingdao), der Hafenstadt in der Bucht von Kiautschou (Harms: Vaterländische Erdkunde, 1909, S. 507).

die dem Reichskanzler direkt unterstellt war und 1907 zu einer eigenständigen Behörde, dem Reichskolonialamt, umgebildet wurde, das unter der Leitung von Bernhard Dernburg einen stärker auf Entwicklung und Wirtschaftsförderung ausgerichteten Kurs einschlug.

Die Kolonien waren zwar Inland, aber kein Teil des Bundesgebiets, und die kolonisierten Bewohner waren den Reichsangehörigen rechtlich nicht gleichgestellt.[9] Im Reichstag kritisierten zuvorderst die Sozialdemokraten und die Zentrumspartei die Formen kolonialer Herrschaftsausübung wie die Prügelstrafe, ohne den Kolonialismus grundsätzlich infrage zu stellen. Eine Geste mit hoher Symbolkraft vollzog August Bebel, als er auf der Sitzung des Reichstags am 17. Februar 1894 den Abgeordneten eine Flusspferdpeitsche zeigte, um die Inhumanität und Willkür im Umgang mit »Eingeborenen« in Kamerun zu veranschaulichen.[10] Besondere Bekanntheit erreichten die innenpolitischen Auseinandersetzungen um den Krieg in »Deutsch-Südwest«, die zu den sogenannten »Hottentottenwahlen« (1907) führten.[11] Die Sozialdemokraten, die sich gegen die weitere Finanzierung des Krieges gestellt hatten, verloren aufgrund des undemokratischen Wahlsystems fast die Hälfte der Sitze und schwenkten auf einen opportuneren Kurs ein, kritisierten aber auch weiterhin Arbeitszwang und Prügelstrafe.[12]

Eine wirksame Kontrolle über die Vorgänge in den fernen Kolonien war kaum auszuüben. Nur wenige besonders brutal agierende Männer wurden ihres Postens enthoben; am bekanntesten sind Carl Peters in Ostafrika und Jesko von

»Bezirksleiter beim Palaver.« Das Palaver war ein öffentliches Forum, das die Kolonialbeamten einberiefen, um Konflikte zu regulieren. Konnte einerseits tatsächlich auf diese Weise Streit geschlichtet werden, so inszenierte andererseits die Kolonialmacht dadurch ihre Herrschaft. Vermutlich ist links Richard Küas (siehe die folgenden Seiten) zu sehen (aus Küas: Togo. Erinnerungen, 1939).

Puttkamer in Kamerun. Wenn sich Missionare oder Beamte der Kolonialverwaltungen um eine bessere Behandlung der indigenen Bevölkerung bemühten, warfen ihnen Kolonisten und Unternehmen häufig »Negrophilie« oder »Humanitätsduselei« vor.[13]

Der Erste Weltkrieg wurde auch in den Kolonien ausgefochten, und im Versailler Vertrag musste Deutschland endgültig auf seine »überseeischen Besitzungen« verzichten. Andere Kolonialmächte verwalteten diese Gebiete fortan im Auftrag des Völkerbunds. Der Verlust kolonialer Herrschaft war somit Teil der »Schmach von Versailles«, und in der Folgezeit äußerten vor allem die Kolonialverbände revisionistische Forderungen nach Rückgewinnung, wohingegen für die meisten Deutschen die Kolonialfrage angesichts der wirtschaftlich schwierigen Lage während der Weimarer Republik marginal war.[14] In Leipzig existierten neben den Militärvereinen zeitweilig eine *Arbeitsgemeinschaft für koloniale und See-Interessen*, ein *Deutsch-Kolonialer Jugendbund* und ein *Kolonialpfadfinderbund*, die kolonialrevisionistische Ziele verfochten.

Reklamemarke der Deutschen Kolonialgesellschaft mit einer Ansicht von Lome, der Hauptstadt Togos.

RICHARD KÜAS
Kolonialbeamter, Autor von Kolonialromanen

Um ihren Herrschaftsanspruch durchzusetzen, brauchte eine Kolonialmacht neben dem Militär vor allem Beamte, die wirtschaftliche Aktivitäten förderten und kontrollierten, Verwaltungsstrukturen aufbauten und die lokale Bevölkerung botmäßig machten. Die Forschungen dazu sind spärlich; man kennt zwar die Namen der Personen an der obersten Verwaltungsspitze, weiß aber kaum Genaues über die wichtigen Kolonialbeamten vor Ort.[15] Das gilt auch für einen, der eng mit Leipzig verbunden war: Richard Küas (1861–1943). Er amtierte als Kolonialbeamter in Togo und Kamerun und war Autor etlicher Kolonial- und Abenteuerromane sowie des Kolonialdramas »Götzen«. Sechs Jahre lang, von 1889 bis 1894,[16] also in der frühen Kolonialzeit, übernahm er, noch ein junger Mann, die Verwaltung des Distrikts Lome (heute Lomé); dann wechselte er mit dem Landeshauptmann Jesko von Puttkamer nach Kamerun. Im Jahr 1898 ist er erstmals im Leipziger Adressbuch verzeichnet, und zwar als Zollamts-Vorsteher, ab 1901 als Kolonialbeamter a. D., dem er ab 1912 den Schriftsteller hinzufügen ließ. Vermutlich veranlassten Geldnöte einen Berufswechsel, denn von 1923 bis 1925 ist Küas als Kaufmann eingetragen, dann bis 1929 wieder als Schriftsteller. Danach verschwindet er aus dem Adressbuch.

Über seine Zeit in Togo hat Küas ein Erinnerungsbuch veröffentlicht.[17] Biographische Informationen sind darin spärlich; man erfährt, dass er die Navigationsschule in Hamburg besucht hatte, einen Meter neunzig groß war und noch Junggeselle.[18] Er erzählt lebendig mit vielen Dialogen und plastischen Beschreibungen von Personen und Szenen,

Porträtzeichnung auf dem Cover von Küas' Erzählband »Das zweite Gesicht und andere Erzählungen aus unseren Kolonien« [1912].

sodass sein Buch fiktionale Züge trägt. Gegen die »Kolonialschuldlüge«, die Deutschen hätten sich als unfähig zur Kolonisation erwiesen, setzt er eine Erfolgsgeschichte: Der kleine Küstenort Lome wächst und prosperiert, die hygienischen Verhältnisse bessern sich, der Fetischismus verliert an Einfluss. Togo galt lange als deutsche »Musterkolonie«, denn es war wirtschaftlich kein Verlustgeschäft, und zudem gab dort keine Kriege wie in anderen deutschen Kolonien. Dass aber ebenfalls Gewaltexzesse stattfanden, Land verwüstet wurde und der Alltag von Repression und struktureller Gewalt geprägt war, weiß man mittlerweile dank neuerer Forschungen.[19] Bei Küas erfährt man davon nichts, mehr hingegen von seinem Bemühen, Konflikte durch geschicktes, einfühlsames Argumentieren zu schlichten. Die Bevölkerung wurde zu seiner Zeit weder durch Arbeits- noch einen finanziellen Zwang beschwert.[20] Ein Zeitgenosse sah ihn hingegen durchaus kritisch: Gottlob Adolf Krause (1850–1935), ein ungewöhnlicher Afrikaforscher, der sich wie kaum ein anderer gegen die koloniale Ausbeutung wandte und anprangerte, dass die Deutschen den Sklavenhandel in Togo stillschweigend duldeten, beschuldigte in Petitionen an den Reichstag auch Richard Küas, Sklavenhändlern Pässe ausgestellt zu haben.[21]

Küas' Selbstverständnis ist das eines Erziehers, der wilde, manchmal auch gefährliche Kinder zu bändigen und auf eine höhere Kulturstufe zu heben hat. Doch trotz aller Klischees, Idyllisierung, angemaßter Überlegenheit und Selbststilisierung würde man es sich wohl zu einfach machen, in ihm nur einen der vielen Männer zu sehen, die im Kolonialdienst eine Karrierechance sahen und Herrschaftsfantasien ausleben konnten. Seiner Darstellung zufolge hielt er zu den anderen Europäern Abstand und missbilligte willkürliches und ungerechtes Gebaren. Vor allem fällt auf, mit wieviel Sympathie er die lokale Bevölkerung schildert, vor allem die Ewe, die an der westafrikanischen Küste ansässig sind, und die Haussa, die den Warenhandel besorgen. Immer wieder beschreibt er ihre Schönheit, ihre Tüchtigkeit, ihre Intelligenz, ihre Geschicklichkeit, auch im Wissen um die verbreiteten Vorurteile. Der letzte Satz des Buchs gilt der Erinnerung an die »dunklen Sonnenkinder«, im nationalsozialistischen Deutschland des Jahres 1939 eine wohl eher seltene, zugeneigte Formulierung.

Ob sich die Kolonialromane, die Richard Küas schrieb, von denen anderer Autoren und Autorinnen unterschieden, bedürfte einer genaueren Untersuchung.[22] Heute stößt man im Buchhandel noch immer auf seinen Namen, und zwar als Übersetzer von Edgar Wallace, der nicht nur Kriminal-, sondern auch Afrika-Romane verfasst hat. Denen, die sich für die Leipziger Geschichte interessieren, ist der Name Küas vertraut, er verbindet sich aber mit dem Kunsthistoriker und Archäologen Herbert Küas – geboren 1900 in Leipzig als Sohn von Richard Küas.

Küas, Albert, Privatm., Sebastian-Bach-Str. 18 II.,
— Richard, Schriftsteller, Kolonialbeamter a. D., Sedanstr. 3 I.

Eintrag im Leipziger Adressbuch 1912

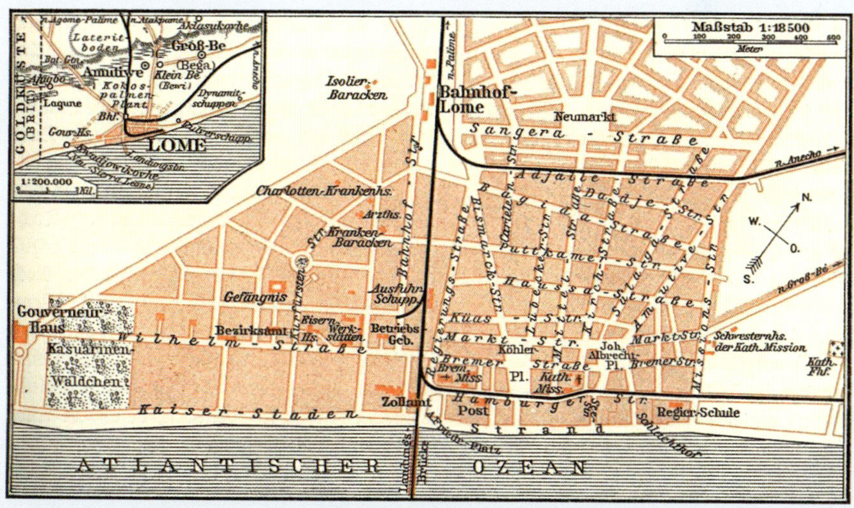

Stadtplan von Lome; dort erhielt eine Straße den Namen von Küas (Meyer: Das deutsche Kolonialreich, Bd. 2, 1910, S. 113).

Militärisches

Für Deutschlands Bestreben, in die Liga der Kolonialmächte aufzusteigen, griffen Männer zu den Waffen. Kolonialismus ist untrennbar mit Repression und Gewalt verbunden, auch in den deutschen »Schutzgebieten«; die Bandbreite reichte von Zwangsarbeit, Prügel- und Todesstrafe bis zum Genozid. Militärische oder polizeiliche Formationen sollten deutsche Ordnungsvorstellungen durchsetzen. Als erste offizielle »Schutztruppe« wurde 1891 die »Kaiserliche Schutztruppe für Deutsch-Ostafrika« gebildet, für die zunächst

Ernst Vollbehr malte die Schutztruppe auf Kamelen vor Keetmannshoop in Deutsch-Südwestafrika (1910).

vor allem schwarze Söldner rekrutiert wurden, die aus fremden afrikanischen Kolonien stammten, die sogenannten Askari.[23] Später waren es verstärkt einheimische Soldaten.[24]

Im öffentlichen Bewusstsein am stärksten präsent ist der Aufstand der Herero und Nama in »Deutsch-Südwest«, der von 1904 bis 1907/08 andauerte. Die Strafexpedition gegen die Herero, die Generalleutnant Lothar von Trotha leitete, war extrem grausam und zielte auf Vernichtung.[25] Seit 2015 spricht die Bundesrepublik Deutschland offiziell von Völkermord, ohne jedoch juristisch einklagbare Konsequenzen daraus abzuleiten, da die Vereinten Nationen den Begriff Völkermord erst im Jahre 1948 festgeschrieben haben.[26] Lange kämpften die Nachfahren der Herero und Nama um Anerkennung und Entschädigung,[27] erst 2021 erklärte sich die Bundesrepublik zur Unterzeichnung eines Aussöhnungsabkommens mit Namibia bereit.

Weniger bekannt ist der Maji-Maji-Aufstand in Ostafrika, der zwischen 1905 und 1907 niedergeschlagen wurde. Bis zu 300 000 Menschen, so wird geschätzt, kamen bei Kämpfen, durch Hinrichtung und die Hungersnot nach Kriegsende ums Leben.[28] An der Beendigung des sogenannten Boxeraufstands in China 1900/1901 waren deutsche Truppen ebenfalls beteiligt.[29] Die Boxerbewegung war vielschichtig; sie hatte innenpolitische und soziale Ursachen und richtete sich zugleich gegen den japanischen, US-amerikanischen und europäischen Kolonialismus und gegen christliche Chinesen. Neben diesen großen kriegerischen Konflikten gab es zahlreiche kleinere Unruhen, die blutig unterdrückt wurden, beispielsweise 1910 die Rebellion auf der Karolinen-Insel Ponape (heute Pohnpei), die mit Hinrichtungen und Zwangsumsiedlung der aufständischen Sokehs geahndet wurde.[30]

In Leipzig pflegten zwei Vereine einschlägige Erinnerungen an den militärischen Einsatz unter fremder Sonne: der am 14. Dezember 1907 gegründete *Verein ehemaliger afrikanischer Schutztruppen Leipzig und Umgebung* und der *Verein ehemaliger China- und Afrikakrieger für Leipzig und Umgegend (bzw. Umgebung)*, dessen Gründung am 10. Januar 1903 erfolgt war.[31]

Der *Verein China- und Afrikakrieger für Leipzig und Umgegend* bemühte sich ab 1910 – zu dieser Zeit hatte er 15 Ehren- und 120 ordentliche Mitglieder[32] – um die Errichtung eines Kolonialkriegerdenkmals für

Auf dem Südfriedhof befindet sich das Grabmal von Ernst Otto, der Major der kaiserlichen Schutztruppe in Ostafrika war.

Entwurf des Kolonialkriegerdenkmals von Georg Muth (um 1914)

Georg Muth entwarf im zweiten Anlauf ein Kolonialkriegerdenkmal, das einen »Schutztruppen«-Mann und einen Askari darstellte.

die sächsischen Gefallenen. Man sammelte Geld, hatte 1914 über 14000 Mark beisammen, entschied sich für den Entwurf des Leipziger Bildhauers Georg Muth, unterbreitete der Stadtverwaltung Vorschläge für den Standort und bat um einen Zuschuss von 7000 Mark.[33] Es wäre ein achteinhalb Meter hohes figürliches Denkmal geworden, bezeichnet als »Kraft« oder »Sieger«, beschrieben auch als löwenbezwingender Herakles,[34] das sich an der zeitgenössischen »wuchtigen Bauweise« orientierte, wie Muth erklärte.[35] Die Hauptinschrift sollte lauten: »Den überseeischen Streitern für deutsches Recht und Kolonialbesitz!«, und das Ganze hätte eine »Zierde« der Stadt Leipzig sein sollen und ein Zeugnis dafür, dass die deutsche Jugend noch zu kämpfen und für das Vaterland zu sterben wisse.[36]

Der Erste Weltkrieg setzte dem Vorhaben ein Ende. Im zweiten Anlauf wurde 1925 im Rathaus ein neues Modell, wiederum von Georg Muth, präsentiert und fand »allgemeine Bewunderung«.[37] Dargestellt waren ein deutscher »Schutztruppen«-Angehöriger und ein Askari, der eine stehend, der andere kniend und so die Hierarchie widerspiegelnd. Nun sollte das Denkmal, dessen Kosten auf 40000 Mark veranschlagt wurden, auch zur Rückgewinnung der Kolonien mahnen. Dieser Plan wurde ebenfalls nicht realisiert. Unterdessen hatte der *Schutztruppen*-Verein 1924

Briefkopf der »Kameradschaft China- und Afrikakrieger für Leipzig und Umgebung« 1937

einen schlichten Findling mit der Aufschrift »Deutsche, Gedenkt Eurer Kolonien« im Park am Völkerschlachtdenkmal aufstellen und eine »Kolonial-Eiche« pflanzen lassen.

In der NS-Zeit kamen Bestrebungen auf, den gefallenen Kolonialkämpfern ein »Reichsehrenmal« zu errichten.[38] Hinter dem Plan stand der *Deutsche Kolonialkriegerbund*, der 1922 als Dachverband gegründet worden war. Dazu gehörte der nunmehr *Kameradschaft China- und Afrikakrieger für Leipzig und Umgebung* heißende Verein, der Leipzig als Standort ins Gespräch brachte. Bei einer Besprechung im Juni 1938 im Dienstzimmer von Zoodirektor Karl Max Schneider plädierte dieser für eine Aufstellung auf dem Gelände des Zoos in der Nähe des Schweizerhäuschens, das Hochbauamt bevorzugte das nördliche Ende der Anlagen am Cottaweg, und Bürgermeister Rudolf Haake versprach, sich für einen städtischen Zuschuss einzusetzen.[39] Die Planungen gediehen nicht weit. Der vorhandene Entwurf von Muth erschien nicht mehr akzeptabel, obwohl der Topos vom »treuen Askari« ausdauernd gepflegt worden war und 1939 in Hamburg ein Deutsch-Ostafrika-Kriegerdenkmal eingeweiht wurde, dessen Reliefplatten mehrere Askari als Söldner und Träger darstellen.[40] Man diskutierte über den Standort, zog dafür auch die Beseitigung des Napoleonsteins am Südfriedhof in Erwägung und sah sich konkurrierenden Interessensbekundungen anderer Städte ausgesetzt.[41] Zudem standen überseeische Kolonien angesichts der Pläne, »Lebensraum im Osten« zu erobern, bald nicht mehr ganz oben auf der Agenda der nationalsozialistischen Führung.[42]

In der erinnerungspolitischen Repräsentation hat, was die der militärische Dimension des Kolonialismus betrifft, Leipzig keinen herausragenden Platz eingenommen; es blieb bei dem formal beliebigen und unscheinbaren Findling. Möglicherweise mangelte es in der Stadt an breiterer Unterstützung für

Der Schutztruppen-Verein feierte am 4. Dezember 1932 sein 25jähriges Bestehen mit einer Kranzniederlegung am Kolonialgedenkstein (Kolonial-Post Nr. 2, 23. Februar 1933, S. 18).

ein Denkmal, das an Kampfhandlungen in weiter Ferne erinnern sollte. Im Leipziger Süden erhob sich seit 1913 das kolossale Denkmal für die Völkerschlacht, die sich tief ins kollektive Stadtgedächtnis eingeschrieben hatte. Der Planungs- und Realisierungsprozess dieses Monuments hatte fast ein Jahrhundert in Anspruch genommen. Vielleicht waren die Einwohner Leipzigs nun memorialkulturell gesättigt, zumal in den Jahren nach 1918, wie andernorts auch, für die Gefallenen des Ersten Weltkrieg zahlreiche Gedenktafeln oder Denkmäler entstanden waren. In anderen Städten realisierte man jedenfalls aufwendigere Kolonialdenkmäler, auch in solchen, die, anders als Berlin, Hamburg oder Bremen, keine »Kolonialmetropolen« waren.[43] In der sächsischen Landeshauptstadt beispielsweise errichtete der *Sächsische Militärverein ehemaliger Überseetruppen Dresden* bereits 1909 ein stattliches Denkmal,[44] und im nahen Halle stellte der *Schutztruppenverein General Maercker* 1933 ein figürliches Denkmal, einen Schutztruppensoldaten darstellend, in zentraler Lage auf dem Rondell vor der Hauptpost auf.[45] Der Leipziger Findling zählte 1945 zu den Denkmälern mit militärischem und nationalsozialistischem Charakter, die auf Anordnung des Alliierten Kontrollrats zu beseitigen waren. In diesem Fall tilgte man die Inschrift.[46]

Wirtschaftliches

Es waren vor allem große hanseatische Handelshäuser, die Schutz und Förderung ihrer Unternehmungen in Westafrika und Ozeanien anstrebten und damit der kolonialen Expansion des Deutschen Reichs den Weg bereiteten. Dass Deutschland schließlich zur Kolonialmacht wurde, beruhte nicht zuletzt auf ökonomischen Erwartungen, die sich am Ende als irrig erwiesen.[47] Mit Gründerkrise, Schutzzollpolitik und der weltweiten Abkehr vom Freihandel um 1880 mehrten sich in der Öffentlichkeit die Stimmen, die ein Deutschland ohne Kolonien wirtschaftlich und politisch ins Hintertreffen geraten sahen. Kolonialagitatorisch aktive Vereine propagierten diese wirtschaftlichen Interessen, vor allem der 1878 in Berlin gegründete *Centralverein für Handelsgeographie und Förderung deutscher Interessen im Auslande*, der einen bedeutenden Zweigverein in Leipzig (Verein für Handelsgeographie und Kolonialpolitik) unter der Leitung von Ernst Hasse hatte.[48]

Satzungen
der
Abteilung Leipzig
der
Deutschen Kolonialgesellschaft.

Abgeändert
in der Hauptversammlung vom 30. November 1896.

Leipzig.
Druck von Oskar Leiner.

Satzungen der Abteilung Leipzig der Deutschen Kolonialgesellschaft. Abgeändert in der Hauptversammlung vom 30. November 1896 (Leipzig: Leiner 1896). In jenem Jahr wurde der *Verein für Handelsgeographie und Kolonialpolitik* in eine Abteilung der *Deutschen Kolonialgesellschaft* umgewandelt.

Der 1882 in Frankfurt am Main gegründete *Deutsche Kolonialverein*, in dem sich vor allem Angehörige des Bildungsbürgertums, Kaufleute und mittlere Unternehmer sammelten, wollte den kolonialen Gedanken propagieren, wohingegen sich die 1884 gegründete *Gesellschaft für deutsche Kolonisation* der prakti-

Anzeige der Kolonialwarenhandlung Bachmann im Leipziger Adressbuch (1870)

schen Umsetzung verschrieben hatte. Beide schlossen sich 1887 zur *Deutschen Kolonialgesellschaft* zusammen,[49] die auch einen Leipziger Ableger hatte. Dieser trat die Nachfolge des *Vereins für Handelsgeographie* an und wurde von einem Frauenbund unterstützt.[50]
In Leipzig gab es keine Unternehmer, die den hanseatischen Reedern und Übersee-Kaufleuten an kolonialpolitischer und -wirtschaftlicher Bedeutung gleichgekommen wären, was – geographisch wie mental – auch mit der längeren Strecke zu tun hatte, die bei wirtschaftlichen Aktivitäten von der Pleiße bis nach Übersee zurückzulegen war. Kolonialagitator Ernst Henrici, von dem noch die Rede sein wird, monierte den Rückstand des Binnenlandes:

> Woran wir am schwersten kranken, das ist der Mangel an kolonialer Tradition. Wir haben eine solche tatsächlich nur in Bremen und Hamburg. Das dem Binnenländer klar zu machen, ist nicht leicht: man muß lange in den beiden Nordseehäfen gearbeitet haben, um die völlig andersartige Stellung Hamburgs und Bremens einzusehen. Dort ist *alles* Kolonialschule: jeder

> Schritt in den Straßen, jede Jolle, jedes Schiff, jeder Ewer, jeder Kapitän oder Steuermann, die Seewarte, und selbst jede Kneipe, in die man geht, bis zum letzten Matrosenschank. In einem einzigen Kontor Hamburgs an drei Doppelpulten steht oft eine Arbeiterschaft, die in allen Erdteilen gearbeitet hat.[51]

Aber auch Leipziger Firmen suchten nach Wegen, um Gewinn aus den territorialen Eroberungen zu ziehen. Zu den Unternehmen, die koloniale Projekte betrieben, gehörte die 1884 gegründete Baumwollspinnerei. Sie bezog 1908 erste Baumwollballen von eigenen ostafrikanischen Plantagen und beschäftigte dort über 2000 Arbeiter, der wirtschaftliche Erfolg stellte sich jedoch

Postkarte des Frauenbunds der Deutschen Kolonialgesellschaft, Abteilung Leipzig, 1914 gelaufen. Das wichtigste Ziel des 1907 gegründeten Frauenbunds bestand darin, deutsche Frauen bei der Auswanderung zum »Schutz des Deutschtums« in den Kolonien zu unterstützen.

Ernst Vollbehr, Kakaoplantage in Kamerun (1910)

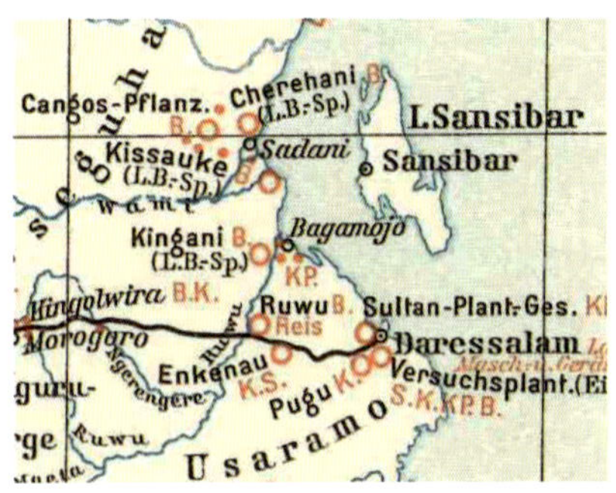

Karte der Plantagenwirtschaft in Deutsch-Ostafrika (Ausschnitt), eingezeichnet sind unter dem Kürzel »L.B.-Sp.« drei Plantagen der Leipziger Baumwollspinnerei (Meyer [Hg.]: Das Deutsche Kolonialreich. Bd. 1, 1909, nach S. 396).

nicht im erhofften Maße ein. 1912 begann die Baumwollspinnerei Sisalagaven anzubauen, nachdem dies seit den 1890er Jahren sowohl im deutschen als auch britischen Kolonialgebiet erfolgreich praktiziert worden war.[52]

Ebenfalls in Ostafrika kam die Firma Bleichert, die in aller Welt Drahtseilbahnen baute, zum Zuge: 1909 stellte sie eine Seilbahn fertig, die das westliche Usambaragebirge mit der Eisenbahn, der Usambarabahn, verband und vor allem dem Holztransport diente, denn in dieser Gegend wurde Urwald gerodet, um Plantagenland zu gewinnen. Ein Modell dieser Bahn »zur Ausnutzung der wertvollen Holzbestände im Usambaragebirge«[53] hatte die Firma dem Leipziger Museum für Länderkunde überlassen, ein anderes befand sich im Deutschen Museum München.[54]

Auf einem anderen Geschäftsfeld wurde Paul Thorer aktiv, der zu den namhaften Leipziger Rauchwarenhändlern gehörte. Der Hauptzweig seines Unternehmens war der Handel mit Persianer, dem gelockten Fell des jungen Karakulschafs, das er aus Buchara und Afghanistan bezog und das in Leipziger Färbereien veredelt wurde. In »Deutsch-Südwest« baute er eine erfolgreiche Zucht von Karakulschafen auf, im Februar 1909 trafen dort die ersten Tiere ein.[55] Die Karakulzucht – fest in den Händen weißer Farmer – entwickelte sich zu einem wichtigen Wirtschaftszeig. Bis heute ist Namibia dafür eines der führenden Länder; die Felle werden unter dem Namen Swakara gehandelt.

In einem Satz von Reklamemarken der Firma Bleichert finden sich auch zwei Marken zur Drahtseilbahn in Ostafrika.

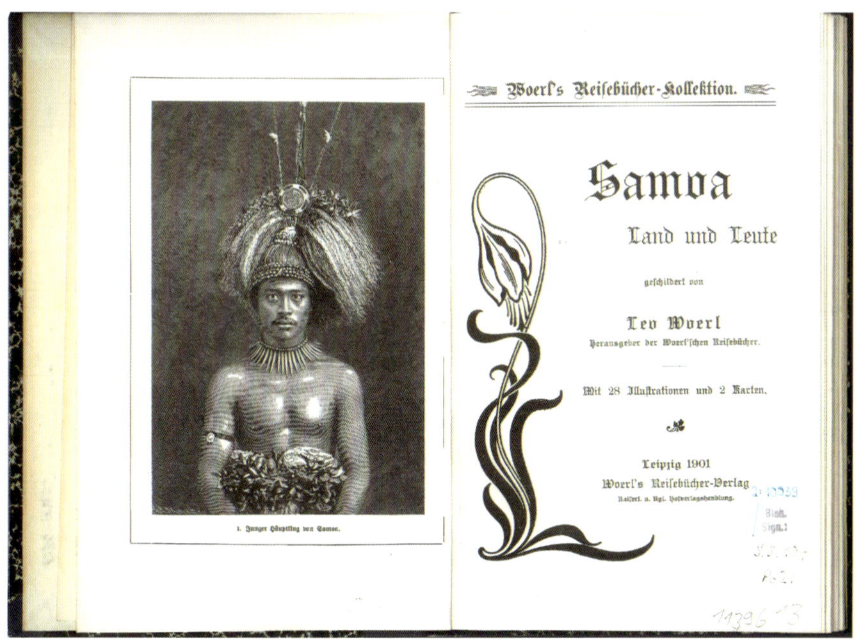

1. Junger Häuptling von Samoa.

Woerl's Reisebücher-Kollektion.

Samoa

Land und Leute

geschildert von

Leo Woerl

Herausgeber der Woerl'schen Reisebücher.

Mit 28 Illustrationen und 2 Karten.

Leipzig 1901

Woerl's Reisebücher-Verlag

Kaiserl. u. Kgl. Hofverlagshandlung.

Samoa-Reiseführer mit praktischen Reisetipps von Leo Woerl (1901).

Und nicht zuletzt ist als Wirtschaftszweig das Verlagswesen zu nennen. Es gab hier zwar keinen Verlag wie den 1921, also nach dem Ende der deutschen Kolonialzeit, in Berlin gegründeten Safari-Verlag, der ausschließlich die Kolonialliteratur zum Programm machte.[56] Aber in der Buchproduktion vieler Verlagshäuser finden sich wissenschaftliche, populärwissenschaftliche, pädagogische oder belletristische Publikationen, die nicht nur mit Genres wie Reise- und Expeditionsberichten das koloniale Themenspektrum berührten, sondern sich mit einschlägig kolonialen Gegenständen befassten.[57] In der Mitte der 1880er Jahre waren das beispielsweise die Verlage Edwin Schloemp und Greßner & Schramm mit mehreren Titeln, ab den 1890er Jahren kamen so bekannte Häuser wie Duncker & Humblot, F. A. Brockhaus, das Bibliographische Institut, Velhagen & Klasing, B. G. Teubner und Spamer hinzu, aber auch zahlreiche kleine, heute kaum mehr bekannte Verlage. Einige Publikationen erhielten den Rang von Standardwerken, so das zweibändige Werk »Das deutsche Kolonialreich. Eine Länderkunde der deutschen Schutzgebiete« (1909–1910, 2. Auflage 1914), das Hans Meyer im Bibliographischen Institut herausgab. Der Wissenschaftsverlag Quelle und Meyer brachte 1920 das »Deutsche Kolonial-Lexikon« heraus, ein dreibändiges, voluminöses Nachschlagewerk zum deutschen Kolonialwesen, das bereits 1914 vorgelegen hatte, wegen des Kriegsausbruchs nicht gedruckt worden war und nun den »kolonialen

Gedanken im deutschen Volke« erhalten sollte, wie Heinrich Schnee, ehemaliger Gouverneur von Ostafrika, in einer Vorbemerkung schrieb. Die geographische Verlagsanstalt List & von Bressensdorf bot Lehr- und Schulbücher mit Bezug auf die deutschen Kolonien in ständigen Neuauflagen an, darunter Heinrich Harms »Vaterländische Erdkunde«, das ab der 5. Auflage den Anhang »Deutschlands Kolonien« enthielt. Dass auch der Ferntourismus als neues Geschäftsfeld in den Blick geriet, zeigt der Reiseführer »Samoa. Land und Leute«, den Leo Woerl, Reisebuchverleger in Leipzig, 1901 selbst herausgab. Angeregt wurde er zu diesem Büchlein, das ein Mix aus Reisetipps und völkerkundlicher Beschreibung ist, durch die Samoa-Völkerschauen in Leipzig und anderen deutschen Städten, wie dem »Schlußwort« zu entnehmen ist, in dem sogar die Elemente der Völkerschau-Inszenierungen aufgeführt sind.[58]

Auch Belletristisches findet sich in verschiedenen Leipziger Verlagen, beispielsweise bei Velhagen & Klasing Agnes Harders Roman »Wider den Gelben Drachen. Abenteuer und Fahrten zweier deutscher Jünglinge im Lande der Boxer« (1900) oder bei Spamer der Roman von Maximilian Bayer »Die Rache des Herero. Eine Geschichte aus dem südwestafrikanischen Kriege« (1916).[59] Der Leipziger Verlag Abel & Müller, der sich auf Schriften für Kinder und Jugendliche spezialisiert hatte, publizierte neben Märchensammlungen und Kinderbuchklassikern auch Kolonialromane, darunter einige vom seinerzeit vielgelesenen Friedrich Meister wie »In der deutschen Südsee« (1902), »Burenblut« (1903) oder »Muhérero rikárera!« [Nimm dich in acht, Herero!] (1904). Und man stößt auf die Leipziger Verlagsbuchhandlung Friedrich M. Hörhold,[60] die von 1924 bis 1942 kolonialrevisionistische Titel verlegte, allen voran »Jambo«, eine Monatszeitschrift mit wechselnden Untertiteln,[61] die sich mit kurzen Erzählungen, Erinnerungstexten, Rätseln, politischen Meldungen und Nachrichten über die Aktivitäten von Kolonialjugend-Gruppen an eine junge Leserschaft richtete.[62] Paul Leßner, ehemaliger Oberstleutnant der »Schutztruppe« in Kamerun, veröffentlichte bei Hörhold Broschüren wie beispiels-

Werbung mit Buchillustrationen. Adolf Friedrich Mecklenburg-Schwerin unternahm mit Unterstützung von Hans Meyer 1907 bis 1908 eine Expedition nach Zentralafrika. Sein Bericht erschien 1909 im Leipziger Verlag P. E. Lindner, der 1911 von Carl Wilhelm Friedrich Zahn übernommen wurde. Die Reklamemarken können also frühestens 1911 gedruckt worden sein.

weise »Was müssen wir von unsern Kolonien wissen?« oder »Koloniale Vorkämpfer heraus!« (1928), und der Charlottenburger Oberstudienrat Heinz Lewark publizierte sein schlicht gestricktes propagandistisches Theaterstück »Unvergessene, ferne Heimat! Ein koloniales Spiel in 3 Aufzügen für die deutsche Jugend« (1926).[63] Hörhold vertrieb auch Kolonialabzeichen, Armbinden und Fahrradwimpel.

Eine Besonderheit erdachte sich der Leipziger Militaria-Verlag Moritz Ruhl. Er entwickelte 1885 ein Kartenspiel, »Das Kamerun-Spiel oder King Bell und seine Leute«, das Bezug auf die Ereignisse in Kamerun im Jahr zuvor nahm. Im August 1884 hatte Gustav Nachtigal in drei Dörfern der an der Küste ansässigen Duala die deutsche Flagge hissen lassen, danach brachen die latenten Spannungen zwischen regionalen Herrschern offen aus. Deutsche Truppen beendeten den Konflikt im Dezember 1884 mit Waffengewalt. Das Spiel bestand aus Duala-Porträt-Karten, die ausgeteilt wurden, und Namens- und Ereigniskarten, die gezogen werden mussten. So wurden diverse Optionen des Verhältnisses zu den Deutschen durchgespielt; es gewann, wer die größte Anhänglichkeit an die Deutschen zeigte.[64]

Im Handel etablierte sich ein neues Segment: der Kolonialwarenhandel. Wie in jeder Stadt verkauften in Leipzig zahlreiche Ladengeschäfte

Titelseite der kolonialrevisionistischen Jugendzeitschrift »Jambo« vom Februar 1930

Die Spielkarte King Bell aus dem »Kamerun-Spiel oder King Bell und seine Leute«, erschienen im Verlag Moritz Rühl Leipzig 1895. Der pro-deutsche Kameruner Herrscher wird in europäischer Kleidung und mit überheblich heruntergezogenen Mundwinkeln dargestellt.

neben mancherlei Artikeln auch aus den Kolonien importierte Waren – Kaffee, Tee, Kakao, Zucker, Gewürze, Reis, Tabak und anderes mehr. Im Leipziger Adressbuch wurden sie ab 1880 als eigenständige Rubrik aufgeführt mit rund 140 Einträgen, 1914 waren es dann etwa 480 an der Zahl. Die Stadt war ohnehin ein wichtiger Handelsplatz für Kaffee und Tee, und von 1883 bis 1935 wurde hier die *Kolonialwaren-Zeitung* verlegt, die als älteste Fachzeitschrift des Nahrungs- und Genussmittelhandels gilt.[65] Neben Waren- und Marktberichten sowie handelsrechtlichen Informationen enthielt sie Vereinsnachrichten und zahlreiche Werbeanzeigen.

Kolonialwarengeschäfte waren nichts Spezifisches; es gab sie allerorten. Dass die Belange der Kolonialwirtschaft in der traditionsreichen Handelsstadt Leipzig jedoch nicht wirklich forciert wurden, zeigt sich daran, dass die Messe spät ein spezielles Angebot entwickelte. Sie bot 1926, also lange nach dem Ende der deutschen Kolonialzeit, erstmals eine »Sondergruppe für Auslands- und Kolonialbedarf« an; zuvor waren infrage kommende Produkte über das Gebiet der gesamten Messe verstreut gewesen.[66]

Ein anderes Bild bietet sich in der kaufmännischen Ausbildung, denn da wurden die kolonialen Interessen wesentlich früher berücksichtigt. An der 1831 als Berufsschule gegründeten Öffentlichen Handelslehranstalt, der ÖHLA, löste sich der geographische Unterricht im Verlauf der 1860er Jahre vom Fach Geschichte, und ab 1884 hieß der Fachkurs dann offiziell »Handelsgeschichte und Handelsgeographie«. Die Herausbildung der modernen Weltwirtschaft flankierend, wurde der Blickwinkel über Europa hinaus ausgeweitet und bezog auch die Kolonialgeographie ein.[67] Im Schuljahr 1899/1900 schaffte man eine Materialsammlung von Rohstoffen aus den deutschen Kolonien an.[68] Für zweieinhalb Jahre, von 1906 bis 1908, gehörte der oben erwähnte Ernst Henrici zur Lehrerschaft, eine irrlichternde Persönlichkeit: weitgereist und umtriebig, sprachbewandert, glühender Propagandist deutschen Kolonialbesitzes, Rassist und Antisemit. In Togo hatte er einige Jahre lang Baumwolle angebaut. Ihm ging es darum, den Rückstand des deutschen Kaiserreichs im globalen Wettbewerb um billige Rohstoffe aufzuholen und deutsche Kaufleute zu förderlichen Aktivitäten zu animieren. »Beziehen und liefern, Kaufkraft und Arbeitskraft der Eingeborenen, Ausbeutung der landwirtschaftlichen und der Mineralschätze, ist das, was uns als Kolonialvolk an Afrika interessiert«,[69] bekannte er unverhüllt in einem Aufsatz von 1908, den die ÖHLA als Beilage zu ihren Jahresberichten abdruckte. Henricis Menschenbild war zutiefst rassistisch. Die ›Afrikaner‹ sah er dem »ungeheuren Schaffensdrang des Ariers«[70] unterlegen, und er sprach sich gegen die Bildung der unterworfenen afrikanischen Bevölkerung aus – mit einer deutlichen Spitze gegen Schulen und Missionsanstalten.[71] Die deutsche Kolonialpolitik, forderte er, müsse bis in ihre

Buchgröße 16×24 cm

Paul H. Kuntze

Das Volksbuch unserer Kolonien

208 Seiten u. 65 Kunstdrucktafeln · 200 Abbildungen · Mit vielfarb. Buchdeckelbild

Preis gebunden 2.90 Rmk.

101. bis 140. Tausend

Aus Urteilen:

... Ein wertvolles Volksbuch. — Völkischer Beobachter

... Es war notwendig, ein Werk zu schaffen, das in verständlicher, klarer Form die Notwendigkeit der Kolonisation vor Augen hält. Das Buch, das ganz wundervoll geschrieben ist, erfüllt diese Aufgabe in vollem Maße. — Badische Kriegerzeitung

... Dieses Volksbuch mußte erst geschaffen werden. Es ist für alle Deutschen geschrieben, klar, anregend und reich bebildert. Der Preis muß für dieses trefflich ausgestattete Werk als erstaunlich niedrig bezeichnet werden. — 8-Uhr-Blatt · Nürnberg

... ein echtes Volksbuch, das nachweist, daß deutsche Kolonisation heute jeden Volksgenossen angeht. — Badische Presse · Karlsruhe

... ein Volksbuch, von dem man wünschen möchte, daß es wirklich von den weitesten Kreisen unseres Volkes gelesen werden möchte. — Die Mittelschule · Halle

Prospekt des Verlags Georg Dollheimer Leipzig, mit dem für das »Volksbuch« geworben wurde (ca. 1938)

»tiefsten Kanäle hinein von deutsch-nationalem Geist durchtränkt«[72] sein. Als er die Handelsschule verließ, um in Togo – beziehungsweise, da sich dieser Plan aufgrund von »Differenzen mit der Kolonialverwaltung« zerschlug, in den USA – Tabak anzubauen, versprach die Schulleitung, dem »interessanten Manne ein liebevolles Andenken« zu bewahren.[73] Nach dem Ende des Ersten

Die Kolonialwarenhandlung Kiessel, eine von vielen in Leipzig. Die Ansichtskarte ist 1912 gelaufen; für jenes Jahr ist im Leipziger Adressbuch als Geschäftsort Roßplatz 4 verzeichnet.

Weltkriegs wurde die »Pflege des kolonialen Gedankens« zur Privatangelegenheit der Schüler, sie konnten Vorträge des Leipziger Zweigs der *Deutschen Kolonialgesellschaft* besuchen und die Zeitschrift »Jambo« lesen.[74]

Als weitere Ausbildungsstätte wurde 1897 die Handelshochschule gegründet, die ein akademisch fundiertes kaufmännisches Studium anbot und zudem Handelsschullehrer ausbildete. Nach diversen provisorischen Zwischenstationen fand sie ihr Domizil in einem repräsentativen, 1908 bis 1910 errichteten Neubau am Nikolaikirchhof, dem heutigen Geschwister-Scholl-Haus. Die Kolonialpolitik stand explizit als einsemestrige Vorlesung im Entwurf des Lehrprogramms[75] und fand sich auch in den Satzungen wieder.[76] Das Curriculum war zweigeteilt: Den wissenschaftlichen Part übernahm in Kooperation die Universität; dort hörten die Studenten u. a. Vorlesungen über Volkswirtschaft, Handels- und Verkehrspolitik und eben auch Wirtschaftsgeographie, die die Kolonialgeographie einschloss,[77] über tropische Landwirtschaft, politische Ethnographie oder die deutschen Kolonien in Afrika.[78] Den stärker praktisch orientierten Teil der Ausbildung absolvierten die Studenten der Handelshochschule an der ÖHLA.[79] Kolonialwirtschaftliche Angelegenheiten waren also in ein umfassenderes handelsökonomisches Studium eingebettet, anders als in Hamburg, wo 1908 mit Unterstützung des Reichskolonialamtes das Kolonialinstitut als Hochschule gegründet wurde, das zuvorderst auf die Ausbildung von Personal für die Kolonien ausgerichtet war.[80]

Das 1890 eröffnete Schulgebäude der Öffentlichen Handelslehranstalt zu Leipzig, der ÖHLA. Nachdem sie im November 1950 den Schulbetrieb eingestellt hatte, zog die Volkshochschule in das Gebäude in der Löhrstraße ein.

Nach diversen Interimslösungen bezog die 1898 gegründete Handelshochschule einen repräsentativen Neubau am Nikolaikirchhof, der von 1908 bis 1910 errichtet wurde und dessen Bauplastik motivisch auf den Handel verweist. Das Gebäude gehört heute zur Universität Leipzig und heißt seit 1948 Geschwister-Scholl-Haus.

In Leipzig als Handelsstadt im Binnenland haben die kolonialwirtschaftlichen Ambitionen nicht dieselbe Bedeutung gehabt wie in den Übersee-Handelsstädten, sie haben im Stadtbild keine sichtbaren Spuren hinterlassen wie beispielsweise in Hamburg mit dem Afrikahaus, dem Kontorhaus der Firma Woermann. Im Zuge der durchgreifenden Stadtsanierung nach 1990 sind auch die letzten Schriftzüge ehemaliger Kolonialwarenhandlungen an den Häuserfassaden verschwunden.

Missionarisches

Christliche Mission und Kolonialismus sind untrennbar miteinander verquickt, denn zumeist fand Missionsarbeit im Gefolge territorialer Eroberungen statt. Eine strukturelle Ähnlichkeit bestand – trotz aller Unterschiede in den Intentionen – in der beanspruchten Überlegenheit über die »Eingeborenen«, sei es unter religiöser und sittlicher Perspektive, sei es in zivilisatorischer, wirtschaftlicher, herrschaftspraktischer oder »rassischer« Hinsicht. Das Verhältnis zueinander ist dennoch oft gespannt gewesen, denn die Missionsarbeit trug zwar zur Legitimation kolonialer Expansion bei, Missionare kritisierten jedoch häufig die Machtpraktiken der Kolonisatoren.[81]

Mit dem *Evangelisch-Lutherischen Missionswerk Leipzig* ist eine bald 200 Jahre alte Institution an der Pleiße zu Hause. Gegründet 1836 in Dresden, übersiedelte sie 1848 in die Messestadt, kurz *Leipziger Mission* genannt.[82] Schon 1856 wurde ein eigenes Missionshaus in der Leipziger Carolinenstraße, der heutigen Paul-List-Straße, eingeweiht. Über die Ausbildung der angehenden Missionare in den ersten Jahrzehnten ist wenig bekannt. Die Verlegung der Einrichtung von Dresden nach Leipzig war beeinflusst vom Wunsch nach einer gründlichen theologischen Ausbildung, für die die Universitätsstadt die besseren Bedingungen bot. Allerdings interessierten sich Theologie-Absolventen nicht in ausreichender Zahl für die Missionsarbeit, sodass sich das Seminar für junge Männer mit unterschiedlicher Vorbildung öffnete. Wer um 1885 einen Volksschulabschluss bzw. eine handwerkliche Ausbildung vorweisen konnte, durchlief einen sechsjährigen Kursus, Abiturienten sparten zwei Jahre ein, und nach absolviertem Theologiestudium genügte ein Jahr.[83] Im Vorlesungsverzeichnis der Universität werden ab der Jahrhundertwende die Missionsbelange in spezifischen Lehrveranstaltungen greifbar. Heinrich Böhmer bot als Privatdozent 1900 und 1901 Veranstaltungen zur christlichen Mission im Allgemeinen und zur Mission in Ostafrika im Besonderen an. Größeren Umfang erhielt die Thematik dann mit Carl Paul, der von 1911 bis 1923 die *Leipziger Mission* leitete und von 1912 bis 1923 ordentlicher Honorarprofessor für Missionsgeschichte und Missionskunde an der Theologischen Fakultät war.[84]

Man darf sich die *Leipziger Mission* nicht als abgekapseltes Gebilde vorstellen, vielmehr war sie mit der städtischen Gesellschaft verflochten, denn vielen Christen war der Missionsgedanke, der sich auf die Bibel stützt,[85] ein selbstverständliches Anliegen. Es gab Frauen-Missionsvereine, die die Arbeit förderten.[86] Carl Ihmels, der von 1923 bis 1960 die *Leipziger Mission* als Direktor leitete, erwähnt beiläufig, dass um die Jahreswende 1902/03 am König-Albert-Gymnasium, das er besuchte, als erster Schülerverein ein Schülermissionsverein gegründet wurde.[87]
Von einem Intermezzo in Australien abgesehen, wirkte das Missionswerk zunächst für mehrere Jahrzehnte nur in Südindien. In Tranquebar (heute Tharangambadi), dem Ort an der südindischen Küste, der ab 1620 zum Stützpunkt der *Dänischen Ostindien-Kompanie* ausgebaut wurde, waren 1706 Missionare der *Dänisch-Halleschen Mission* eingetroffen, die ersten protestantischen Missionare in Indien überhaupt. Deren Aktivitäten gingen im späten 18. Jahrhundert zurück, und nachdem 1837 der letzte Missionar gestorben war, trat 1840 die *Evangelisch-lutherische Missionsgesellschaft zu Dresden* resp. die *Leipziger Mission* mit der Entsendung des ersten Mitarbeiters quasi die Nachfolge an.
Agierten die Leipziger Missionare in Südindien auf dänischem bzw. ab 1845 auf britischem Gebiet, so lagen die Dinge anders, als 1893 die Kilimandscharo-Region als zweiter Schwerpunkt hinzukam, denn nun zogen die Missionare – anfangs vier an der Zahl – den kaiserlichen »Schutztruppen« hinterher, befördert von der deutschen Kolonialverwaltung, die deutsche Missionare bevorzugte.[88] Nicht nur Kolonialmächte – in diesem Fall die Deutschen und die Briten – konkurrierten in Ostafrika, sondern auch missionierende Konfessionen und evangelische Missionsinstitute unterschiedlicher Ausrichtung,[89] die wiederum im Islam einen gemeinsamen Rivalen sahen.
In Leipzig war man gegenüber einem Einsatz in Deutsch-Ostafrika zunächst zurückhaltend gewesen, wollte weder im Schlepptau der deutschen Kolonialmacht antreten noch als nationales Missionswerk erscheinen, denn die *Leipziger Mission* finanzierte sich durch die Unterstützung von Missionsvereinen und Einzelspenden aus vielen Ländern.[90] Der Gesinnungswandel hing maßgeblich mit dem neuen, 1891 gewählten Direktor Karl von Schwartz zusammen, der den Kolonialismus uneingeschränkt bejahte und theologisch, historisch und

Das Leipziger Missionswerk hat seinen Sitz in der Paul-List-Straße.

moralisch legitimierte. Man müsse nicht den selbstlosen Wunsch heucheln, eine »Zivilisationsaufgabe zu erfüllen«, schrieb er und vertrat die Ansicht, die territoriale Expansion sei mit dem »göttlichen Weltgesetz« vereinbar, wo große Landstriche wüst lägen und die Bewohner »durch Trägheit, Trunksucht und Unzucht verkommen«. Kolonisation stellte sich für ihn als quasi natürlicher, unter wirtschaftlichen und bevölkerungspolitischen Gesichtspunkten notwendiger Wachstumsprozess dar: »Wer wächst, der braucht eben ein größeres Kleid.«[91] Indem er politische und gesellschaftliche Vorgänge mit biologischem Vokabular deutete, bewegte er sich im Rahmen der gängigen zeitgenössischen sozialdarwinistischen Anschauungen. Kritik übte er allerdings an der Praxis kolonialer Herrschaft:

> Daß die Kolonialgeschichte fast allenthalben mit viel unnötig vergossenem Blute geschrieben ist, daß sie vielfach mit großer Brutalität gegen die Eingeborenen, mit nichtswürdiger Ueberlistung derselben, mit gröblicher Mißachtung ihrer Rechte gemacht wird, das ist's, was das christliche Gewissen empört, und was die christlichen Kreise, die Träger der Mission sind, und damit diese selber leicht in einen Gegensatz zur Kolonialpolitik bringt, der in der Sache selbst nicht ohne weiteres begründet ist.[92]

Diese Ansicht ist durchaus repräsentativ: Die Missionsvertreter jener Zeit äußerten keine fundamentale Kritik am Kolonialismus, nicht zuletzt, weil das die eigene Arbeit beeinträchtigt hätte. Aber Spannungen und Interessenkonflikte ergaben sich dennoch aus der religiösen Überzeugung von der Gottebenbildlichkeit aller Menschen und dem Gebot der Nächstenliebe. Einen Eindruck davon gibt der aus Grimma stammende Hans Poeschel, der in Leipzig Jura studiert hatte, von 1911 bis 1914 in der ostafrikanischen Kolonialverwaltung tätig war und dort auch die Arbeit der *Leipziger Mission* kennenlernte. In seinem Erinnerungsbuch »Bwana Hakimu« charakterisiert er die Missionsarbeit beider Konfessionen, beschreibt einen Gottesdienst der *Leipziger Mission* und kommt auf die Geringschätzung und Feindseligkeit seitens der Europäer gegenüber den Missionaren zu sprechen.

> Der Verwaltungschef wollte die alleinige Macht über gehorsame Untertanen, der Pflanzer wollte willige Arbeitskräfte haben. Soweit die Mission diesen Zwecken diente – und das tat sie als Erzieherin in Schule und Handwerk unzweifelhaft in gewissem Umfange –, war sie beiden eine willkommene Bundesgenossin. Soweit sie abweichende Ziele verfolgte, ergaben sich leicht Reibungen. [...] Fühlte sich z. B. ein Dschaggamann von der Behörde oder von seinem Lohnherrn bedrückt, so lag es nahe, auch wenn er kein Christ

war, daß er dem Verkünder der Nächstenliebe mehr oder weniger wahrheitsgetreu sein Leid klagte. Nichts war natürlicher, als daß nun der Missionar als sein Anwalt und Beschützer auftrat, und gewiß bisweilen mit mehr heiligem Eifer als skeptischer Weltklugheit. [...] Jede Mission erzieht ferner im Neger ein gewisses erhöhtes Selbstgefühl, das Bewußtsein, dem weißen Manne, dessen Bruder in Christo er werden kann, auch sonst nicht so weltenfern zu stehen. Ob dem auch eine wirkliche sittliche Vervollkommnung des Getauften entspricht, darüber gehen die Urteile weit auseinander.[93]

Schuljungen der Station Moshi am Kilimandscharo

Poeschels Blick auf die lokale Bevölkerung ist paternalistisch und von der europäischen Anmaßung zivilisatorischer und moralischer Überlegenheit geprägt. Doch auch die Missionare, selbst wenn sie sich zu Fürsprechern machten, teilten die gängigen Stereotype über ›Afrikaner‹ und sahen sich nicht nur

Solche Bilder festigten das Bild des unmündigen, hilfsbedürftigen Afrikaners. Auf der Rückseite der Karte aus dem Verlag der Evangelisch-Lutherischen Mission steht: Ein kleiner Afrikaner von unserem Kilimandjarogebiet.

Krankenversorgung durch Schwester Elisabeth Vierhub (Weidauer: Werden und Wachsen, S. 21)

in christlicher, sondern auch »zivilisierender« Mission unterwegs. Exemplarisch formulierte das Martin Weishaupt, der als Leipziger Missionsinspektor Ostafrika bereiste und in seinem 1913 veröffentlichten Bericht die christlichen über die heidnischen ›Afrikaner‹ mit ihren »spitzgefeilten Zähnen und der wunderlichen Haartracht« stellte. Er glaubte zu sehen, dass trotz mancher noch nicht überwundenen »schlimmen Eigenschaften des Negers« das Christentum nicht nur den inneren Menschen umgestaltet, sondern auch die äußere Gestalt »adelt und vergeistigt«.[94]

Vor Ort ging es indes nicht nur um den »inneren« Menschen. 1909 richteten der Arzt Carl Ittameier[95] und zwei Diakonissen im Kilimandscharo-Gebiet eine erste Krankenstation ein; weitere kamen hinzu.[96] Zuvor hatte dort bereits Hermann Plötze eine Zeitlang als Missionsarzt praktiziert; er verließ allerdings 1907 das Missionswerk und ließ sich als Farmer nieder. Auch wenn die Anfänge bescheiden waren: Die Mitarbeiter und Mitarbeiterinnen der *Leipziger Mission* operierten, behandelten Zähne und Wunden, therapierten Wurmerkrankungen und Infektionskrankheiten, auch solche, die die Europäer eingeschleppt hatten, wie die Spanische Grippe. Und sie bekämpften die teilweise extrem hohe Kindersterblichkeit, die partiell auch der Praxis geschuldet war, dass Kinder mit irregulären Merkmalen ausgesetzt oder getötet wurden. Vielfach genannt werden in der zeitgenössischen Literatur »Zahnkinder«, d. h. Säuglinge, bei denen die oberen Schneidezähne eher als die unteren durchbrachen, Zwillinge und Neugeborene mit Missbildungen, Albinismus oder Leberflecken.

Noch vor der medizinischen Versorgung begann die Bildungsarbeit; bereits 1894 öffnete im Kilimandscharo-Gebiet die erste kleine Schule, in der sich sieben

Jungen einfanden. Die Missionare bildeten einheimische Lehrer aus, und vor Kriegsausbruch lernten an 97 Schulen schon knapp 8600 Kinder, mehrheitlich Mädchen.[97] Je nach Perspektive kann man die Missionsschulen als Beitrag zur Zerstörung der sozialen und kulturellen Traditionen betrachten oder als Beitrag zum (erzwungenen) Modernisierungs- und Transformationsprozess, der potentiell individuelle Lebensläufe ermöglichte. Wie sich die Arbeit der Mission auf eine lokale Dorfgemeinschaft auswirkte und wie ambivalent die Entwicklung war, hat der nigerianische Schriftsteller Chinua Achebe in seinem Roman »Things Fall Apart« (1958, deutsch »Okonkwo oder Das Alte stürzt« bzw. »Alles zerfällt«) eindrücklich erzählt. Vor allem aber trug die christliche Mission mit ihren Schulen, wenn auch unbeabsichtigt, letztlich zum Emanzipationsprozess bei. Sie vermittelte religiöses Ideen-und Bildungsgut, das später zum geistigen Rüstzeug der Befreiungsbewegungen gehörte, denn die politischen Proteste der kolonisierten Völker äußerten sich »zunächst unter den Christen und resultierten aus den Lehren der christlichen Botschaft«.[98]

Als Deutsch-Ostafrika 1916 von britischen Truppen besetzt und nach Kriegsende zum britischen Mandatsgebiet erklärt wurde, beendete dies die Liaison von deutscher Kolonialmacht und deutschen Missionsanstalten. Angehörige der *Leipziger Mission* konnten dennoch, wenn auch mit Unterbrechungen, in

Sogenannte Kostschülerinnen, Mädchen einer Internatsschule am Meru, dem dritthöchsten Berg Tansanias

der Kilimandscharo-Region bleiben und die Arbeit fortsetzen. Zu deren Popularisierung nutzten die Leipziger, Berliner und Herrnhuter Missionswerke sogar gemeinsam den Film als modernes Medium und boten 1928 »Andreas, der Sohn des Zauberers« im Verleih an, der – folgt man der zeitgenössischen Beschreibung – die christliche Missionsarbeit gegen die »Trostlosigkeit und Grausamkeit des Heidentums« setzte.[99] Die sieben lutherischen Kirchen, die im Mandatsgebiet bestanden, schlossen sich 1938 zu einer Föderation zusammen und fusionierten 1963 zur *Evangelical Lutheran Church in Tanzania* (ELCT), die heute eine Partnerkirche der *Leipziger Mission* ist.

Eine herausragende Persönlichkeit unter den Leipziger Missionaren war der in Dresden geborene Bruno Gutmann, der das Christentum mit der indigenen Kultur verbinden wollte und sich durch seine Publikationen zu Sprache, Recht und Kultur der im Kilimandscharo-Gebiet lebenden Dschagga (Chagga) einen Namen machte. Sein Engagement wurzelte nicht zuletzt in seiner durch die Neuromantik beeinflussten kritischen Haltung gegenüber der modernen, vor allem amerikanischen Kultur, die er als Bedrohung traditioneller Werte und eben auch der gemeinschaftlichen Lebensform und der mündlichen Erzählkultur der Dschagga begriff.[100] Er zeichnete ihre Sagen, Märchen und Weisheiten auf und wurde so zum »Grimm der Dschagga«,[101] wie sein Urenkel Tillmann Prüfer formuliert hat.

Missionar Bruno Gutmann im Kreis einheimischer Lehrer

EDUARD VOGEL
Afrikaforscher

Berühmt vor allem durch sein trauriges Schicksal wurde ein junger Afrikaforscher, der biographisch eng mit Leipzig verbunden war: Eduard Vogel. Sein Name steht für die geographische Erkundung des Inneren von Afrika, das lange Zeit ein weißer Fleck auf der Weltkarte war. Im Laufe des 19. Jahrhunderts drangen Missionare und Forschungsreisende verstärkt ins Innere des Kontinents südlich der Sahara vor und bereiteten der Kolonialisierung des gesamten Kontinents den Weg. In London wurde bereits 1788 die *Association for Promoting the Discovery of the Interior Parts of Africa* gegründet, die neben geographischen Forschungen auch wirtschaftliche Interessen verfolgte und 1831 in der *Royal Geographical Society* aufging.

Vogel wurde am 7. März 1829 in Krefeld geboren und kam als Dreijähriger nach Leipzig. Sein Vater Johann Karl Christoph Vogel war zum Direktor der Bürgerschule berufen worden und machte sich in der Folgezeit als Pädagoge einen Namen, besonders durch die Förderung des Realschulwesens. Der junge Eduard besuchte zunächst die Bürger- und die Realschule, wechselte dann zur Thomasschule und studierte in Leipzig und Berlin Astronomie, Mathematik und Naturwissenschaften. Seine Schwester Elise überliefert in ihren »Erinnerungen an einen Verschollenen« eine Anekdote, die das naturkundliche Interesse des Bruders in einem Kindheitserlebnis aufscheinen sieht: Als Fünfjähriger soll Eduard im Menschengewimmel der Ostermesse einem Mann gefolgt sein, der ein großes buntes Wachstuchbild trug, auf dem allerlei wilde Tiere – Löwen, Tiger, Schlangen – abgebildet waren. Er lief allein vom Naschmarkt bis zu Reimers Garten, damals eine wichtige Adresse für Schaustellungen aller Art,[102] und versetzte dadurch seine Mutter in Schrecken.[103] Somit fungiert diese Episode zugleich als Vorausdeutung auf sein zweites, endgültiges Verschwinden.

Eduard Vogel (Wagner: Ed[uard] Vogel, der Afrika-Reisende, 1860, S. 41)

Vogels wissenschaftliche Begabung öffnete ihm Türen. Erst 22 Jahre alt, wurde er Assistent des Astronomen John Russel Hind an der Bishop's Sternwarte in London. Nur zwei Jahre später, 1853, ergriff er ohne zu zögern die Gelegenheit, sich einer Afrika-Expedition anzuschließen, die 1850 unter Leitung von James Richardson in die Sudanregion aufgebrochen war. Richardson starb 1851 auf dieser Reise, danach leitete der mitreisende Historiker und Geograph Heinrich Barth die Expedition. Der zweite angeheuerte deutsche Forscher war der Geologe Adolf Overweg. Diese beiden sollte Vogel am Tschadsee treffen, Overweg verstarb jedoch im September 1852. Vogel hatte nur wenige Wochen Zeit zur Vorbereitung; er brach am 20. Februar 1853 in Southampton auf, reiste über Malta und Tunis nach Tripolis und von dort aus in kräftezehrenden Karawanenzügen südwärts in Richtung Tschad. In Briefen an seine Familie berichtete er

Begegnung von Eduard Vogel und Heinrich Barth in einer imaginierten zeitgenössischen Darstellung (Wagner: Ed[uard] Vogel, der Afrika-Reisende, 1860, Frontispiz). Links unten ist als Zeichner »Bernatz« angegeben, vermutlich der Landschaftsmaler Johann Martin Bernatz, der einige Orient- und Indien-Reiseerfahrung besaß.

lebendig von seinen Erlebnissen, erzählte von seiner Ernährung, seinen Erkrankungen, der afrikanischen Tierwelt, den Sitten der Einheimischen, innerafrikanischer Sklaverei oder Ameisen und Termiten, die seine gesammelten Pflanzen zerfraßen.

Unweit von Zinder (in der heutigen Republik Niger) traf Vogel im Wald unvermutet auf Heinrich Barth, der angeblich auf dem Rückweg von Timbuktu gestorben sein sollte. In dessen Gesellschaft verbrachte er zwanzig Tage in Kuka und reiste dann weiter nach Yakoba (heute Bauchi). Er gilt als der erste Europäer, der diesen im heutigen Nigeria gelegenen Ort betreten hat. Zuletzt gelangte er bis nach Wadai, ein im 17. Jahrhundert entstandenes islamisches Reich. Vom Sultan wurde er zunächst freundlich aufgenommen, aber vermutlich auf dessen Befehl im Februar 1856 ermordet. Das Motiv blieb unklar.

Den letzten Brief an den Vater hatte Eduard Vogel am 5. Dezember 1855 geschrieben. Lange herrschte Ungewissheit über seinen Verbleib. Die Wege der Nachrichten waren weit, die Übermittlung ungewiss. Ein Jahr nach Vogels Abreise aus Kuka verdichteten sich die Hinweise darauf, dass er nicht mehr am Leben war, ohne dass man indes Gewissheit erhielt. Die Anteilnahme, die die Öffentlichkeit an seinem Geschick nahm, machte ihn populär. 1860 veröffentlichte die »Gartenlaube« einen Spendenaufruf, um eine deutsche Suchexpedition auszurüsten und es darin England gleichzutun, wo hinter jedem Wissenschaftler, der das Unbekannte erforsche, die »ganze Nation« stehe, wie es heißt.[104] Die Suche nach dem jungen verschollenen Afrikaforscher avanciert hier zu einer gesamtdeutschen Aufgabe, die geeignet schien, die zerrissenen Deutschen aus ihrer endlosen »Nibelungenklage«, ihren wehmütigen Gefühlen und Träumen (so der Topos) zu einer Tat im Dienste der nationalen Einheit mobilisieren zu können. Vogel wurde zum »deutschen Franklin« stilisiert – gemeint war der Polarforscher John Franklin, dessen Ende mit großen Anstrengungen aufgeklärt worden war.

Zwei Jahre später berichtete die »Gartenlaube« über den Spendenerfolg und die Suchexpedition, zu der Theodor von Heuglin 1861 aufgebrochen war, ebenso über die im darauffolgenden Jahr begonnene Expedition, die Karl Moritz von Beurmann unternahm.[105] Elise Polko äußerte in ihrem 1863 erschienenen Büchlein noch die Hoffnung auf den Erfolg Beurmanns, der indes ebenfalls ermordet wurde. Erst 1873 gelang es Gustav Nachtigal, der selbst bis Wadai vordrang und mit dem Sohn des Sultans sprach, die Umstände so zuverlässig wie noch möglich aufzuklären.

Das unglückliche Ende von Vogels Expedition hatte mehrere Ursachen, zuvorderst seine Jugend und seinen Mangel an Erfahrung. Schon Barth beschrieb ihn als »unternehmenden, muthigen jungen Reisenden«, der sich mit Leichtigkeit »in alle Verhältnisse dieses fremdartigen Lebens«[106] hineingefunden habe, seinen Enthusiasmus aber auch von anderen erwartet habe. Hinzu kam, dass Vogel nicht sprachbegabt war und erst unterwegs begann, Arabisch zu erlernen. Seine Sammlungen und wissenschaftlichen Beobachtungen sind nur soweit überliefert, wie er sie noch nach Europa senden konnte. Als Erster vermaß er zuverlässig die Höhe der mittleren Sahara und des Tschadbeckens; seine astronomischen Ortsbestimmungen waren viel präziser als alle vorangehenden. Die Gesellschaft für Erdkunde zu Leipzig stiftete 1901 eine Eduard-Vogel-Medaille für Verdienste um die Erforschung Afrikas. Einer der Preisträger war Hans Meyer, der die Goldmedaille 1912 verliehen bekam.

Leipzig, 25. Aug. Gegenüber der Nachricht der Times von der Ermordung des Dr. Eduard Vogel in Wara (Nr. 201) theilt der Vater des Reisenden, Hr. Dir. Dr. Vogel, heute im hiesigen „Tageblatt" mit, daß ihm bis zum 24. d. alle und jede authentische Nachrichten über das Schicksal seines Sohnes fehlten.

Johann Karl Christoph Vogel ließ mitteilen, dass er keine verlässlichen Angaben zum Geschick seines Sohnes hat; Ausschnitt aus der Leipziger Zeitung vom 26. August 1857, S. 4312.

Eduard-Vogel-Medaille der Gesellschaft für Erdkunde zu Leipzig

Wissenschaftliches

Wie Bruno Gutmann, auch schon lange zuvor, leisteten viele Missionare bedeutende ethnographische und sprachwissenschaftliche Forschungsarbeit, denn da sie sich mitteilen wollten, mussten sie ihr Gegenüber verstehen.[107] Leipzig spielte bei der universitären Etablierung und der Popularisierung wissenschaftlicher Disziplinen, die eng mit dem Kolonialismus zusammenhingen, eine führende Rolle in Deutschland. Das betraf vor allem die Ethnologie und die Geographie. In der Messe- und Handelsstadt gab es mit der traditionsreichen Universität den wissenschaftlichen Nährboden und das erforderliche akademische Personal. Zudem bot die prosperierende Stadt, die nach der Reichsgründung ein rasantes großstädtisches Wachstum durchlief, ein interessiertes und gebildetes Umfeld. Aufgeschlossenheit für fremde Kulturen und Sehnsucht nach dem Exotischen verbanden sich dabei mit eurozentrischem Überlegenheitsgefühl und kolonialem Anspruchsdenken.[108]

Geographie

Offenkundig mit der Kolonialgeschichte verquickt waren geographische Forschungen, denn wer ein Land kolonisieren wollte, also dessen natürliche Ressourcen wirtschaftlich für sich beanspruchte, benötigte dringend geographisches Wissen. In Deutschland verselbständigte sich die Geographie als universitäres Lehrfach parallel zur kolonialen Expansion,[109] eine Entwicklung, die sich vorzüglich in Leipzig beobachten lässt. Die Universität richtete im

Friedrich Ratzel, Porträt im postum erschienenen Band »Zu Friedrich Ratzels Gedächtnis« (1904)

Januar 1871 ihren ersten Lehrstuhl für Geographie ein, stand damit an vierter Stelle im Kaiserreich[110] und besaß einen »ausgewiesenen kolonialen Schwerpunkt«.[111] Der 1883 berufene Ferdinand von Richthofen, der drei Jahre später nach Berlin wechselte, engagierte sich auch kolonialpolitisch und plädierte als China-Experte für einen deutschen Handels- und Marinestützpunkt in China.[112] Noch stärker involviert war sein Nachfolger Friedrich Ratzel, der die Professur von 1886 bis zu seinem Tod innehatte. Ratzel war ein beliebter Hochschullehrer und als Wissenschaftler innovativ und anregend, vor allem mit seiner zweibändigen »Anthropogeographie« (1882/1891) und der »Politischen Geographie« (1897). In diesen Büchern beschäftigte er

Kolonialgeographisches
Institut
der Universität Leipzig.

Stempel des Kolonialgeographischen Instituts der Universität Leipzig

Stempel des Ethnologisch-anthropologischen Instituts der Universität Leipzig

Ansicht der Schillerstraße 6. Nach dem Auszug der Sächsischen Staatsbank 1938 zogen das Geographische Institut und das Institut für Rassen- und Völkerkunde samt der Schmidtschen Schädelsammlung hier ein.

sich mit dem Verhältnis zwischen Mensch und Natur bzw. mit dem Zusammenhang von Raum, Staat und Politik. Seine Werke werden bis heute diskutiert, nun vor allem fokussiert auf die Frage, wie stark er damit die nationalsozialistische Lebensraum-Politik inspirierte.[113] Rassistische Begründungen für die koloniale Besitzergreifung lehnte Ratzel indes strikt ab und verließ den *Alldeutschen Verband*, als dieser entsprechend zu agieren begann.[114] Er las nicht nur über geographische, sondern auch ethnographische Gegenstände (vor allem zu Afrika),[115] veröffentlichte zwischen 1885 und 1893 eine dreibändige »Völkerkunde« und gehörte dem Vorstand der Leipziger Sektion der *Deutschen Kolonialgesellschaft* an. Die Leistungen deutscher Wissenschaftler betrachtete er quasi als theoretische Vorbereitung politischer Ideen, deren praktische Umsetzung folgerichtig war:

> Deutschlands Besitzergreifungen in überseeischen Ländern gehören zu den politischen Aktionen, die lange geistig vorbereitet waren. Ein Volk, das seit mehr als hundert Jahren sich mit Geographie, Ethnologie und Geschichte aller aussereuropäischen Länder so ernst und eindringend beschäftigt hat, wie das deutsche, muss einmal die praktische Anwendung seiner Kenntnisse durchsetzen.[116]

Das äußerte er in der Vorrede zur ersten Auflage des 1899 erschienenen Buchs »Deutschlands Kolonien«,[117] das sein Schüler Kurt Hassert verfasst hatte. Hassert hielt von 1895 bis zu seiner Berufung nach Tübingen 1899 kontinuierlich geographische Vorlesungen über die deutschen Kolonien,[118] die die Grundlage für sein Buch bildeten. Auch er vertrat eine dezidiert prokolonialistische, sozialdarwinistisch grundierte Position. »Wie aber jedes kräftige Volk nach Ausdehnung seiner Herrschaft und seines Einflusses strebt, so führte auch die wirtschaftliche und politische Einigung des Deutschen Reiches mit einer gewissen Naturnotwendigkeit zu dem Verlangen nach eigenen überseeischen Besitzungen«,[119] schrieb er in der Einleitung. Eigenständigkeit gewann die Kolonialgeographie schließlich, als Hans Meyer mit Unterstützung des Reichskolonialamtes eine eigene Professur stiftete,[120] die er selbst 1915 übernahm.[121]

Ethnologie

Ethnographische Gegenstände wurden an der Leipziger Alma mater – wie auch an anderen Universitäten – ab dem späten 18. Jahrhundert im Zusammenhang mit Geschichte, Geographie, Philosophie oder auch Medizin behandelt. 1914 richtete die Universität das *Ethnographische Seminar* ein, das erste eigenständige Institut für dieses Fach in Deutschland,[122] und 1920 avancierte Karl Weule zum ersten ordentlichen Professor für Ethnologie in Deutschland.[123] Er hatte in Göttingen und Leipzig Völkerkunde und Geographie studiert, u. a. bei Friedrich Ratzel. Nach der Promotion bereitete er sich auf den Einsatz in den Kolonien vor, kehrte aber 1899 auf Betreiben von Hans Meyer nach Leipzig zurück, habilitierte sich im selben Jahr mit einer Arbeit über den afrikanischen Pfeil und wurde 1901 zum außerordentlichen Professor für Ethnologie berufen.

Neben dem Universitätsinstitut wurde, und zwar im selben Jahr 1914, eine zweite ethnologische Einrichtung gegründet: das *Königlich-Sächsische Forschungsinstitut für Völkerkunde* (ab 1918 *Staatlich-Sächsisches Forschungsinstitut für Völkerkunde*), das Karl Weule ebenfalls leitete.[124] Diese Gründung stand in einer Reihe mit anderen, maßgeblich vom Historiker Karl Lamprecht inspirierten Forschungsinstituten an der Universität, die den Lehrbetrieb ergänzen und – wie der Name sagt – stärker auf Forschung ausgerichtet sein sollten. Finanziert wurden sie durch die sächsische Regierung und private Stifter, an deren Spitze sich beim völkerkundlichen Institut Hans Meyer engagierte.[125] In den Jahren seines Bestehens bis 1936 rüstete das *Forschungsinstitut für Völkerkunde* sieben umfangreiche Expeditionen aus, von denen fünf nach Afrika führten.

Karl Weule, Porträt im postum von Otto Reche herausgegebenen Band »In Memoriam Karl Weule« (1929)

Karl Weule wurde auf dem Südfriedhof in den sogenannten Universitätsrabatten der II. Abteilung beigesetzt. Auf dem Grabmal stehen nur Vor- und Nachname, die mittlerweile kaum mehr zu erkennen sind.

Unter den deutschen Ethnologen gab es keinen, der den Kolonialismus grundsätzlich in Zweifel gezogen hätte, und die im 19. Jahrhundert einflussreiche Evolutionismus-Theorie, die eine lineare Entwicklung von niederen zu höheren Kulturstufen annahm, fügte sich dienlich zur Behauptung einer »Kulturmission« der Europäer. Allerdings waren die fachspezifischen Interessen kolonialpolitisch zumeist nicht direkt verwertbar. Karl Weule lehnte zudem die ökonomische Ausrichtung der Ethnologie auf koloniale Belange ab. Die Völkerkunde als Wissenschaft habe die Aufgabe, »Kenntnis der Menschheit zu vermitteln, wie sie heute lebt«, und diese Aufgabe sei »rein beschreibender Natur«,[126] schrieb er einleitend in einem Lehrbuch.

Otto Reche, sein Nachfolger an der Universität, pflegte weniger Skrupel, wenn es um die Indienstnahme der Wissenschaft ging.[127] Er war in der NS-Zeit, aber auch schon zuvor in vielfältiger Weise »rassenhygienisch« und »rassenkundlich« aktiv und benannte das Ethnographische Seminar in Ethnologisch-Anthropologisches Institut um. Ab 1933 hieß es Institut für Rassen- und Völkerkunde. Für diese Ausrichtung gab es historisch einen Anknüpfungspunkt in der Physischen Anthropologie.[128] Emil Ludwig Schmidt hatte sich 1886 in Leipzig als Erster in Deutschland für Physische Anthropologie habilitiert und 1889 eine außerordentliche Professur für Anthropologie und Ethnologie erhalten. Als er in den Ruhestand ging, wurde der Lehrstuhl, den Weule übernahm, der Ethnographie und Urgeschichte gewidmet. Reche reaktivierte also die vorherige Fächerkombination und war bestrebt, eine von Schmidt überkommene Schädelsammlung zu erweitern und zum Anthropologischen Museum auszubauen. Bei Kriegsende 1945 wurde er für anderthalb Jahre interniert und übersiedelte dann nach Hamburg. Die Sammlung ist heute Teil der medizinischen Lehrsammlung am Anatomischen Institut der Universität Leipzig.[129]

Linguistik und Landwirtschaft

Neben der Geographie und Ethnologie entstand, zumindest in Ansätzen, im späten 19. Jahrhundert eine dritte wissenschaftliche Disziplin, die mit dem Vordringen ins Innere Afrikas und dem Kolonialismus zusammenhing: die Afrika-Linguistik.[130] Der Leipziger Philologe Hans Stumme steht beispielhaft dafür, wie sich die Afrikanistik aus der universitären Orientalistik entwickelte. Im Jahr 1900 wurde er zum außerordentlichen Professor für Neuarabisch und hamitische Sprachen berufen. Sein Schwerpunkt waren die zeitgenössischen Sprachen, die in Nordafrika gesprochen wurden, vor allem die Berbersprachen, die durch das Arabische verdrängt zu werden drohten und für deren Erhalt er sich einsetzte. Einige Semester bot er auch Suaheli-Lehrveranstal-

tungen an und kam damit Wünschen des Leipziger Missionswerks entgegen. Er blieb außerplanmäßiger Professor, erst als er 1930 in den Ruhestand eintrat und ein Nachfolger gesucht wurde, richtete die Universität ein eigenes Institut für afrikanische Sprachen ein. Stummes Schüler und Nachfolger August Klingenheben, ab 1930 Professor und Direktor des neugegründeten Instituts, unterrichtete zahlreiche afrikanische Sprachen; an seinen Stunden nahmen regelmäßig Studenten des Leipziger Missionswerks teil. Seinem Wechsel nach Hamburg 1936 folgte der Niedergang der Afrika-Linguistik, aber dennoch konnte nach Kriegsende beim Aufbau der Afrikawissenschaften an diese Anfänge angeknüpft werden.
Das wirtschaftliche Interesse an den Kolonien führte auch zu ersten Ansätzen, an der Universität eine entsprechende landwirtschaftliche Ausbildung einzuführen.[131] Im Bereich der Botanik hielt Hugo Miehe als außerordentlicher Professor zwischen 1911 und 1914 alljährlich eine Vorlesung mit dem Titel »Die Vegetation der Tropen mit Berücksichtigung der wichtigsten Kulturpflanzen (mit Lichtbildern)«. Er hatte einschlägige Forschungen auf Java, damals niederländische Kolonie, betrieben. 1912 wurde Arthur Golf als außerordentlicher Professor nach Leipzig berufen und leitete die neugegründete »Abteilung für koloniale und ausländische Landwirtschaft«. Nach Kriegsende verlor die Abteilung an Relevanz und wurde 1922 dem Institut für Tierzucht und Milchwirtschaft angegliedert. Golf behielt die Leitung und wurde zum ordentlichen Professor ernannt. Sein Nachfolger, der aus Breslau berufene Leopold Krüger, bot bis 1945 Lehrveranstaltungen an.

Individuelle Forschung

In der Zeit des deutschen Kolonialismus entstanden in Leipzig jedoch nicht nur staatlich getragene Universitätsinstitute und Forschungseinrichtungen, auch individuelle Forschungsaktivitäten waren mit dem Kolonialismus verquickt. Als junger Mediziner unternahm Carly Seyfarth im Jahr 1913 eine Studienreise nach Britisch- und Deutsch-Ostafrika, die er mit einem Reisestipendium finanzieren konnte und über die er pflichtgemäß einen mit Fotografien versehenen Bericht publizierte.[132] Er verbrachte einige Tage in der Region Morogoro als Gast zweier Leipziger Farmer namens Steinbeck und Kühsel. Dort beobachtete er durch Sandflöhe verursachte Fuß- und Beinwunden der Plantagenarbeiter, über deren Arbeitsbedingungen er sich nicht äußerte. In den Städten Daressalam und Tanga sah er »Kettengefangene« bei der Arbeit – sie trugen Ringe um den Hals und waren durch eine Kette zu Gruppen von zehn bis zwölf Personen verbunden, eine Praxis aus der Zeit der Sklaverei. Der

Carly Seyfarth ließ sich auf seiner Studienreise nach Ostafrika mit Massai-Kriegern fotografieren.

Dreiundzwanzigjährige beschreibt auch die Prügelstrafe – ein Askari verabreichte 15 oder 25 Schläge mit der Nilpferdpeitsche – in seinem Bericht sachlich, ohne eine eigene Meinung zu erkennen zu geben.[133] Es zog ihn noch mehrfach in die Ferne. Er arbeitete in St. Petersburg, unternahm Studienreisen in die Balkanländer und die Türkei und wurde schließlich 1929 Direktor des St.-Georg-Krankenhauses in Leipzig.[134] In der NS-Zeit trat er nicht in die NSDAP ein und bemühte sich, kranke und verwundete Kriegsgefangene vor dem Abtransport zu bewahren.[135] Dafür setzten ihm auf dem Krankenhausgelände noch im April 1945 sowjetische Kriegsgefangene ein Denkmal, eine Steinpyramide.[136] Seyfarths Grab befindet sich auf dem Leipziger Südfriedhof, wo er neben seinem Schwiegervater, dem Internisten Adolf von Strümpell, bestattet wurde.

Das Grab von Carly Seyfarth befindet sich auf dem Südfriedhof in den sogenannten Universitätsrabatten.

Der bereits erwähnte Arzt Carl Ittamaier, der im Auftrag der *Leipziger Mission* einige Jahre in Deutsch-Ostafrika arbeitete, nutzte die Zeit offenkundig auch für systematische

Forschungen. Er gewann einen Preis in Höhe von 6000 Mark, den Eduard Woermann 1913 über das Hamburger Kolonialinstitut hatte ausschreiben lassen, um die Frage nach praktischen Maßnahmen zur »Steigerung der Geburtenhäufigkeit und Herabsetzung der Kindersterblichkeit bei der eingeborenen farbigen Bevölkerung« zu beantworten.[137] Ittameier operiert in seiner Abhandlung »Die Erhaltung und Vermehrung der Eingeborenen-Bevölkerung« mit zahlreichen Statistiken und schließt mit einem umfangreichen statistischen Anhang zu Geburtenzahl und Kindersterblichkeit, der auf seiner persönlichen Befragung von Frauen beruhte. Resümierend plädierte er dafür, die Existenz der einheimischen Bevölkerung sicherzustellen, die Anwerbung verheirateter Männer für die Plantagenarbeit zu unterbinden und die ärztliche Versorgung der Arbeiter zu verbessern. Humanitäre Überlegungen standen nicht dahinter, sondern das konsensfähige Argument, dass angesichts der primitiven Bewirtschaftung von Pflanzungen die »Eingeborenen das wirtschaftlich wertvollste Aktivum einer tropischen Kolonie«[138] seien.

Sammlungen und Museen

Der Forschung wie auch der Popularisierung des ethnologischen und (kolonial-) geographischen Wissens dienten zwei Museen, die während der Phase des deutschen Kolonialismus entstanden bzw. ausgebaut wurden: das Museum für Völkerkunde und das Museum für Länderkunde. Wiederum ist der Name von Karl Weule hervorzuheben, der als erster Wissenschaftler in die Leitung des Museums für Völkerkunde eintrat und die Sammlungsobjekte nach wissenschaftlichen Kriterien katalogisierte. Er wurde 1899 Direktorialassistent, 1901 zweiter und 1907 alleiniger Direktor des Museums,[139] das nach München (1862) das zweitälteste seiner Art in Deutschland ist.[140] 1869 initiiert und 1874 eröffnet, widerspiegelt es die Ambivalenzen und wissenschaftlichen Neuorientierungen der Ethnologie. Die Neugründung genoss breite Unterstützung aus der Einwohnerschaft und wurde stark frequentiert. Zum fünfzigjährigen Bestehen vermeldete Weule, dass das Museum eine »Volksbildungsanstalt im besten Sinne geworden« sei und zu den »lebenswichtigen Notwendigkeiten im Geistesleben« der Stadt gehöre.[141] Der Zuspruch speiste sich auch aus dem Umstand, dass die Völkerkunde aufgewertet wurde, indem sie in Sachsen 1911 als offizielles Lehrfach in den Lehrplan der höheren Schulen aufgenommen und in der Unterprima im Rahmen des Erdkundeunterrichts gelehrt wurde.[142]

Den Grundstock für das Museum bildete die Sammlung des Dresdner Bibliothekars Gustav Klemm; 1869 war sie auf Betreiben des Leipziger Arztes

Postkarte, gelaufen 1898, mit der Ansicht des noch neuen Grassimuseums. Der Mann im Vordergrund soll wohl einen Maori mit Tätowierungen darstellen.

Hermann Obst angekauft worden. Unter den Erwerbungen der folgenden Jahre ist die Sammlung Godeffroy hervorzuheben, die das Hamburger Handelshaus im Zuge seiner wirtschaftlichen Aktivitäten im Südpazifik angelegt hatte.[143] Leipziger Bürger sammelten indes schon länger ethnographische Objekte, da diese zum Bestand der barocken Kunst- und Naturalienkammern gehörten. So besaß beispielsweise Bürgermeister Christian Lorentz von Adlershelm eine solche Sammlung, deren Katalog neben anderem ein Sammelsurium an ethnographischen Gegenständen verzeichnet, darunter Frauenhalsschmuck aus Guinea, ein Bastkissen aus Angola, chinesische Schuhe, indische Malereien, schwedische Bauernschnitzereien und vieles andere mehr.[144] Das berühmte Lincksche Naturalienkabinett enthielt ebenfalls ethnographische Objekte in bunter Mischung,[145] und auch in der Ratsbibliothek bewahrte man nicht nur Bücher auf, sondern ebenso zeittypische Sammelstücke wie eine »lappische Zaubertrommel«[146] oder die vielbeschriebene ägyptische Mumie.

Das Leipziger Völkerkundemuseum profitierte – wie ähnliche Museen auch – erheblich vom (deutschen) Kolonialismus, denn es konnte in dieser Zeit seine Sammlungen wesentlich erweitern.[147] Weule pflegte gute Kontakte zu Hans Meyer, der ihm als Vorsitzender der *Kommission zur landeskundlichen Erforschung der deutschen Schutzgebiete* 1906 eine Studienreise nach Ostafrika ermöglichte. Der Verleger förderte das Museum außerdem durch zahllose Schenkungen und Leihgaben, darunter 53 Objekte aus Benin: Bronzen,

Der Figurenschmuck an der Fassade der heutigen Stadtbibliothek verweist auf die Geschichte des Gebäudes, das von 1893 bis 1895 für die Museen für Völker- und Länderkunde und das Kunstgewerbemuseum errichtet und 1896 eröffnet wurde. Die Reliefs auf der linken Seite der Fassade zeigen eine Australierin (gefertigt von Adolf Lehnert), einen Indianer, einen Chinesen und eine Afrikanerin (gefertigt von Carl Seffner).

Alphons Stübel auf Madeira (1863). Stübel, 1835 in Leipzig geboren, studierte in seiner Vaterstadt Chemie und Mineralogie. In den 1860er Jahren bereiste er Marokko und Madeira und betrieb vulkanologische Studien.

Schnitzereien und rituelle Gegenstände. Diese wundervollen Kunstwerke, die als Raubgut des britischen Militärs 1897 nach Europa gelangten, sind zum Symbol für die kulturelle Ausplünderung des Kontinents durch die Kolonialmächte und die enge Verflechtung von Ethnographie und Kolonialismus geworden. Zur Feier des fünfzigjährigen Bestehens des Museums formulierte Weule die Gewinne der deutschen völkerkundlichen Museen aus der Kolonialzeit unumwunden: »Denn darüber wollen wir uns klar sein: alle deutschen Museen haben die Zeit unserer Macht und unseres Glanzes und vor allem die Periode unserer kolonialen Betätigung benutzt, um an altem Kulturgut zusammenzuraffen, was zu erreichen war.«[148]
1896 erhielt das Völkerkundemuseum, nachdem es zunächst im Johannishospital untergekommen war, gemeinsam mit dem Museum für Kunstgewerbe einen stattlichen Museumsneubau am Königsplatz, dem heutigen Wilhelm-Leuschner-Platz. Seit 2012 ist dieses Gebäude das Domizil der Stadtbibliothek; seine ehemalige Bestimmung ist noch immer am figürlichen Fassadenschmuck zu erkennen, der auf der linken Seite eine Australierin, einen Indianer, einen Chinesen und eine Afrikanerin zeigt. Schon bald erwies sich das Museumsgebäude als zu klein, und so zogen die Sammlungen in den 1929 eingeweihten Museumsneubau am Johannisplatz um, wo sie sich bis heute befinden.
Das Museum für Länderkunde gewann nie so recht eigenständige Präsenz.[149]
In den ersten Jahrzehnten schlüpfte es unter das Dach des Völkerkundemuseums, was aufgrund der engen Verflechtung von Ethnologie und Geographie nahelag. Auch deshalb ist es im öffentlichen Gedächtnis kaum gegenwärtig, dabei war es über Deutschland hinaus einzigartig. Alphons Stübel, in Leipzig geborener Forschungsreisender und Vulkanologe, bot seiner Vaterstadt 1891 seine geographische Sammlung an, die Karten, Zeichnungen, Gemälde, Fotografien, Gesteinsproben, Geländemodelle und ethnographische Objekte um-

Afrika-Abteilung im Museum für Länderkunde (Kupferschmidt: Alphons Stübel, 1936)

fasste. Im Grassi-Neubau des Museums für Völkerkunde erhielt die Sammlung bei der Eröffnung 1896 als »Abteilung für vergleichende Länderkunde« eine große Ausstellungsfläche und verselbständigte sich 1907 als »Museum für Länderkunde« mit eigenem Etat. Für die Darstellung der deutschen Kolonien, die in dieser Zeit eingerichtet wurde, steuerte Hans Meyer ein großes Gemälde vom Kibo-Gipfel des Kilimandscharo bei, das der Hamburger Maler Ascan Lutteroth geschaffen hatte.[150] Ende der 1920er Jahre siedelte das Museum dann ebenfalls in den Neubau des Grassimuseums am Johannisplatz über. In der NS-Zeit veranstaltete es ideologiekonforme Ausstellungen und wurde aufgewertet: Ab 1942 hieß es »Deutsches Institut für Länderkunde. Geographisches Zentralmuseum und Forschungsinstitut« und umfasste drei Abteilungen: Museum, Forschungsinstitut, Beratungs- und Auskunftsstelle. Der damalige Direktor Rudolf Reinhard entwickelte die Idee eines Neubaus am Deutschen Platz, das als »Haus der Erde« auch ein Kolonialmuseum umfassen sollte. Der Kriegsverlauf setzte diesen Plänen ein Ende.

HANS MEYER
Forschungsreisender, Kolonialpolitiker, Verleger

Eine besonders profilierte Persönlichkeit war zweifellos Hans Meyer, der auf vielfältige Weise wissenschaftliche und kolonialpolitische Interessen zu verbinden wusste. Als Sohn des Verlegers Herrmann Julius Meyer besaß er die finanziellen Voraussetzungen für eine exzellente Bildung. Seine Studienfächer Nationalökonomie, Germanistik, Geschichte und Geographie zeigen ein breitgefächertes wissenschaftliches Interesse. Er promovierte zur Geschichte der Straßburger Goldschmiedezunft und unternahm im Anschluss von 1881 bis 1883 eine Weltreise. Unterwegs schickte er kontinuierlich Reisetagebuch-Blätter an seine Angehörigen, auf deren Grundlage er eine illustrierte Reisebeschreibung verfasste, die 1885 im eigenen Verlag erschien und die, im Untertitel als »Plaudereien« bezeichnet, sein literarisches Talent zeigt.[151] Vor allem aber vertiefte diese Reise seine geographischen Interessen, die fortan sein Leben bestimmten.

1884 übernahm Hans Meyer mit seinem Bruder Arndt die Leitung des Verlags, wobei er für die wissenschaftliche Programmgestaltung verantwortlich war und zuvorderst die Geographie ausbaute. Bald betrieb er wieder Reisevorbereitungen und wandte sich nun vorrangig Afrika zu, das er auf seiner Weltreise nicht berührt hatte. 1887 brach er nach Deutsch-Ostafrika auf, um die Kolonie mit eigenen Augen zu sehen und den Kilimandscharo zu besteigen, eine Aufgabe, die er in seiner Schilderung dieser Reise als Tat im nationalen Interesse darstellt: Die »höchste Spitze deutscher Erde« sollte zuerst »von einem deutschen Fuß betreten werden«.[152] 1884 hatte der gleichaltrige Henry Hamilton

Hans Meyer, Porträt in der Festschrift »Koloniale Studien« (1928)

Johnston den Kilimandscharo im Auftrag der *Royal Geographical Society* erforschen sollen, musste krankheitsbedingt aber vor Erreichen des Gipfels umkehren. Diesem Berg kam also nicht zuletzt in Konkurrenz zu den Briten eine besondere Bedeutung zu, und darüber hinaus übte das Bergmassiv durch sein unvermutetes Aufsteigen aus der Ebene und die schneebedeckten Gipfel große Faszination aus.[153] Den ersten Versuch der Besteigung musste Meyer wegen mangelnder Ausrüstung abbrechen. Auch im zweiten Anlauf gelang es ihm nicht, da er im sogenannten Araberaufstand, einer Erhebung gegen die *Deutsch-Ostafrikanische Gesellschaft*, gefangengenommen wurde und Lösegeld zahlen musste. Schließlich glückte 1889 die »Eroberung« im dritten Versuch, gemeinsam mit dem erfahrenen österreichischen Alpinisten Ludwig Purtscheller.[154] Geographische und vor allem vulkanologische Studien führten Hans Meyer immer wieder für längere Zeit in die Ferne, unter anderem nach Südamerika, Teneriffa und 1898 sowie 1911 nochmals nach Ostafrika. 1903 bestieg er den Chimborazo, den mit etwa 6260 Metern höchsten Berg Ecuadors. Er verstand es, seine wissenschaftlichen Erkenntnisse in gut lesbarer Form und zahllosen Vorträgen zu popularisieren. Von seinem Mäzenatentum profitierten in Leipzig vorzugsweise das Museum für Völkerkunde und das Museum für Länderkunde, die 1928 gemeinsam zu Ehren des »größten Gönners und Förderers der beiden Museen«[155] die Ausstellung »Afrika – Ostafrika« gestalteten. Zu deren Exponaten gehörte als Leihgabe aus Potsdam das vulkanische Gesteinsfragment von der Spitze des Kibo, das Meyer Kaiser Wilhelm II. geschenkt hatte.

Auch kolonialpolitisch agierte Meyer, und zwar auf Reichsebene im *Kolonialrat*, einem beratenden Gremium des Reichskolonialamts. Ab 1905 war er zudem Vorsitzender der *Kommission zur landeskundlichen Erforschung der deutschen Schutzgebiete*, die dem Reichskolonialamt unterstand. Er selbst hatte die Gründung dieses Sachverständigen-Gremiums vorangetrieben, um die wissenschaftliche Erforschung der deutschen Kolonien zu befördern.[156] Das geschah vor allem durch die Ausrüstung von Expeditionen – acht kamen zustande –, deren Ergebnisse in den »Mitteilungen aus den deutschen Schutzgebieten« publiziert wurden. Nachdem Meyer 1914 mit Mitte sechzig aus dem Verlagsgeschäft ausgeschieden war, initiierte er durch erhebliche finanzielle Zuwendungen eine Professur für Kolonialgeographie und Kolonialpolitik an der Universität Leipzig,[157] die er 1915 selbst übernahm.[158]

Über Meyers Privatleben ist nicht viel bekannt.[159] Verheiratet war er mit einer Tochter von Ernst Haeckel, Elisabeth, mit der er sechs Kinder hatte. Sein wesentlich jüngerer Bruder Herrmann, jüngstes der Meyer-Geschwister, hielt sich in der zweiten Hälfte der 1890er Jahre zu Studienzwecken in Brasilien auf und organisierte dort auch die Ansiedlung deutscher Kolonisten. Im städtischen Gedächtnis ist der Name Meyer wegen des Vaters, Herrmann Julius Meyer, heute noch präsent, dessen sozialer Wohnungsbau in Gestalt der »Meyerschen Häuser«, von den Zeitläuften unberührt, ein großes Verdienst geblieben ist.

Hans Meyer war eine hochangesehene und vielfach geehrte Persönlichkeit, u. a. wurde er zum Mitglied der Leopoldina und der Sächsischen Akademie der Wissenschaften gewählt. Der junge Walter Markov, der ab 1927 in Leipzig Geschichte studierte und hier Professoren von Weltrang vermisste, ließ immerhin Meyer als »Vogel besonderer Art« gelten und beschrieb ihn als »Grandseigneur vom weißhaarigen Scheitel bis zur Sohle«.[160]

Ohne die Träger hätten Hans Meyer und Ludwig Purtscheller nicht den Kibo erreicht (Meyer: Ostafrikanische Gletscherfahrten, 1890, Tafel 2).

Exotisches und Rassistisches

Joachim Ringelnatz, der in Leipzig aufwuchs und notorisch Disziplinschwierigkeiten in der Schule hatte, erzählt in seiner Autobiographie eine aufschlussreiche Anekdote aus seiner Schulzeit. Da sein Gymnasium in der Nähe des Zoos lag[161] und er eine Jahreskarte besaß, entwich er in den Pausen, um sich die Samoa-Schau anzusehen, die 1896 dort stattfand. Nach einer solchen Pausenexkursion kehrte der Dreizehnjährige verspätet zurück: Er hatte sich von einer Samoanerin den Buchstaben H – den Anfangsbuchstaben seines Vornamens, denn 1896 hieß er noch Hans Bötticher – auf den Unterarm tätowieren lassen und bekannte dies dem Lehrer voller Stolz. Daraufhin wurde er der Schule verwiesen.[162]
So wie der junge, abenteuerlustige Ringelnatz, der als junger Mann zur See fuhr und dem später die Nazis Auftrittsverbot erteilten, besuchten tausende Leipziger damals die »Völkerschauen« auf dem Zoogelände und nutzten die Gelegenheit, statt Holzstichen wie beispielsweise in der »Illustrirten Zeitung« oder in der »Gartenlaube« lebende Originale von »Negern«, Indianern oder Beduinen betrachten zu können. Diese neue Form der Zurschaustellung exotischer Menschen, die als ethnographisches Interesse und Geschäftsmodell den Kolonialismus begleitete, war ein Phänomen der als Kolonialmacht auftretenden westlichen Welt; es gab sie in vielen europäischen Ländern, den USA und Japan.[163] In Leipzig präsentierte Ernst Pinkert, ein aus einfachen Verhältnissen stammender Selfmademan,[164] in seiner Gastwirtschaft *Zum Pfaffendorfer Hof*, dem Vorläufer des Leipziger Zoos, die erste, noch kleine Schau im Jahr 1875: eine »Lappländerfamilie« mit ihren Rentieren und den zugehörigen Gerätschaften, also Angehörige der Samen, die für die Domestikation von Rentieren bekannt waren. Pinkert hatte diese Mensch-Tier-Ausstellung von Carl Hagenbeck übernommen, dem Hamburger Tierhändler und Zoogründer. Dessen Laufbahn als erfolgreicher Völkerschau-Organisator begann im Jahr zuvor mit eben jener Schau, deren unerwartet großer Erfolg ihn zu weiteren Unternehmungen dieser Art animierte.[165]
Im Unterschied zu Hagenbeck initiierte Pinkert, von wenigen Ausnahmen (»Beduinen-Karawane« 1888 und 1892, »Beduinen-Lager« 1889) abgesehen,

Die Gartenlaube berichtete 1883 ausführlich über die Samojeden im Leipziger Zoo, Zeichnung von Gustav Sundblad. Die Samojeden nennen sich selbst Nenzen und sind ein indigenes, nomadisch lebendes Volk. Ein russischer Kaufmann hatte fünf Personen zur Reise nach Europa bewegt. Der ältere der beiden Männer starb in Prag; auf der Abbildung ist seine Frau (stehend) mit ihrem Sohn zu sehen. Das zweite, sehr junge Paar hatte laut Zeitungsbericht in Berlin ein Kind bekommen, das dort auch getauft wurde.

Postkarte vom »Aschanti-Dorf«, geschrieben von einem Leipziger Dienstmädchen am 4. Juni 1899 an seine Schwester Gertrud Böhme in Zeitz. Die junge Frau hatte von ihrer »Gnädigen« für den Sonntag Zoo-Eintrittsgeld erhalten und teilte mit, dass sie sich »über die Schwarzen amüsiert« habe und dass es bei ihnen »großartig« sei.

Werbung für die Samoa-Völkerschau

nicht selbst Völkerschauen, sondern übernahm sie von anderen Impresarios. Der entsprechende Ort auf dem Zoogelände war die sogenannte Völkerwiese mit der 1901 errichteten dazugehörigen Bühne,[166] auf der wahlweise auch Menschen mit Besonderheiten wie Tätowierungen oder abnormen Körpermaßen präsentiert wurden oder Tierdressuren stattfanden. Bis zu Pinkerts Tod gab es dreißig Völkerschauen, unter seinem Nachfolger Johannes Gebbing weitere zwölf, die letzte 1931 mit dem reißerischen Titel »Kannibalen der Südsee«.[167] Später, in den 1950er Jahren, äußerte Gebbing Skepsis gegenüber den Völkerschauen und kritisierte das »marktschreierische Komödiantentum«, die Erniedrigung des Homo sapiens durch die Zurschaustellung in Tiergärten und den sittlichen Verfall der »einfachen Menschen«, d. h. der ausgestellten Menschen, nahm die Spektakel aber unter unternehmerischen Gesichtspunkten als Einnahmequelle hin.[168] Erst 1920 ging der Zoo in städtischen Besitz über. Die vorgeführten Menschen wurden überwiegend in Afrika, Australien, Indien und Samoa angeworben, auch in deutschen Kolonialgebieten, was ab 1901 indes verboten war.[169] Wichtige Auswahlkriterien waren unter anderem das Potential zu »pittoresken Vorführungen« und schaustellerische Geschicklichkeit.[170] Zeitgenössisch galten die Ausstellungen (mehr oder weniger) als ethnographisches Bildungserlebnis. An der ersten »Lappländer«-Schau lobten beispielsweise die *Leipziger Nachrichten* vom 4. November 1875, dass sie unter freiem Himmel stattfand, nicht in einer dunklen Bude wie früher, und dass die Menschen nicht auf das Vorführen von Kunststücken dressiert worden waren, sondern sich wie zu Hause bewegten.[171] Die Darsteller boten Alltagsverrichtungen, Kochen zum Beispiel, und Inszeniertes, wobei die Grenzen fließend waren. Häufig schauspielerten sie nach einem festen Programm – Kämpfe, Tänze, Bogenschießen und anderes mehr.[172] Pinkerts »Beduinen-Karawane« von 1888 beispielsweise bestand aus sechzehn Männern, zwei Frauen und zwei Kindern und wies somit eine alters- und geschlechtsgemischte Zusammensetzung auf, wie sie angestrebt wurde. Hinzu kamen

Samoa-Völkerschauen sind für den Leipziger Zoo mehrfach nachgewiesen (1896, 1897, 1901 und 1911), alle organisiert von Carl bzw. Fritz Marquardt.

Tiere: Pferde, Dromedare, Schafe, Ziegen und Hunde. Das Programm beinhaltete sechs Nummern: »Wandernde Beduinen«, »Fantasia« (eine Reiterszene), »Nabut-Fechtübungen«, »Brautzug«, »Kameldiebe« und »Ueberfall einer Handels-Karawane durch berittene Beduinen«.[173] Der Charakter der Inszenierung war für alle ersichtlich und zielte primär auf Schaueffekte und Spannung. Auch sogenannte Lebende Bilder, Nachstellungen von Werken der bildenden Kunst durch Menschen, ließ Ernst Pinkert durch die »Suaheli-Karawane« (1894) darstellen. Von der Presse erhielt er Lob dafür, dass er »zum ersten Male Ostafrikaner in den Dienst der Kunst«[174] gezwungen habe. Eines der Bilder stellte die »Mohrenwäsche« nach dem gleichnamigen Gemälde von Carl Joseph Begas (1841) dar, ein Bildmotiv mit längerer Vorgeschichte.[175]

Damals wie auch heute noch schützte Fiktionalisierung nicht davor, das Gesehene als authentisch aufzufassen. Einen Eindruck von der noch um 1950 weitgehend unreflektierten Auffassung, die Völkerschauen hätten im Dienste der Volksbildung gestanden, vermitteln die Erinnerungen von Alfred Lehmann, der wie Ringelnatz das in Zoonähe liegende König-Albert-Gymnasium besucht hatte und rückblickend trotz grundsätzlicher Distanzierung von den Völkerschauen erkennen lässt, wie affiziert er vom Exotischen war, besonders von den Samoanern, dem »Aschanti-Dorf« und der »Malabaren-Karawane«, die Indien-Flair verbreitet habe.[176]

Vor allem der »fremde« Körper, der das Schöne, Erotische, Wilde oder auch das Abnorme assoziierte, wurde in Szene gesetzt. Letzteres wird bei den 1930 gezeigten »Lippennegerinnen« überdeutlich, Angehörigen der zentralafrikanischen Sara-Kaba, die ihre Lippen durch eingelegte Holzteller vergrößerten. Hier wird die Verbindung zu ausgestellten Menschen mit Abnormitäten erkennbar, zu Freaks wie ›Liliputanern‹, ›Riesen‹ oder Menschen mit anderen ungewöhnlichen körperlichen Merkmalen. Die Zeitungskommentare zu diesen Afrikanerinnen und auch zu den »Südsee-Kannibalen« waren herabwürdigend.[177] Die Schönheit der Samoanerinnen wurde hingegen »allgemein bewundert«.[178] Ringelnatz beschrieb sie als »herrliche, stattliche Gestalten«:

> Die Frauen trugen nur ein hemdartiges Gewand und steckten sich Blumen ins Haar.
> Ich befand mich in den Pubertätsjahren und konnte mich an den bronzefarbenen, dunkelhaarigen Weibern nicht sattsehen. Da mein kleines Taschengeld für Geschenke nicht ausreichte, entwendete ich zu Hause nach und nach unseren gesamten Christbaumschmuck. Bald trugen alle dreiundzwanzig Insulanerinnen Glaskugeln, kleine Weihnachtsmänner, Schokoladeherzen und Zuckerfiguren, Wachsengel und Ketten im Haar. Sie dankten mir, indem sie mich anlächelten oder über mein blondes Haar strichen, was mich beseligte.[179]

Die Erzählung ist unüberhörbar erotisch gefärbt. Für einen Pubertierenden wie Ringelnatz dürften sich die Samoanerinnen neben den bis zum Hals zugeschnürten Korsettträgerinnen des wilhelminischen Deutschlands recht

1899 wurde nach jahrelangem Streit die Inselgruppe Samoa zwischen den USA und Deutschland aufgeteilt; der westliche Teil ging an Deutschland. Die Ausstellung »Samoa – unsere neuen Landsleute« war 1900 in Berlin zu sehen und kam 1901 nach Leipzig.

attraktiv ausgenommen haben. Seine kurze Schilderung zeigt zugleich, dass es durchaus die Möglichkeit zu Kontakten gab, die über das bloße Betrachten (das man sich immer wechselseitig denken sollte) oder den Verkauf von Andenken hinausreichten.[180] Alfred Lehmann schreibt von seinen »Freundschaften mit Negerkindern und Inderjungen«,[181] und auch wenn er die grundsätzliche Ungleichheit dabei übersieht, so stellten sich die Beziehungen unter den Kindern rückblickend für ihn als freundschaftlich dar. Wie die angeheuerten Menschen ihre Zeit bei der Völkerschau erlebten, ist angesichts rarer Zeugnisse nur rudimentär zu rekonstruieren. Keineswegs sind sie pauschal als passive und hilflose Opfer zu betrachten, ihre Erfahrungen unterschieden sich je nach Rahmenbedingungen und persönlichem Hintergrund. Sie wurden mehr oder weniger gut behandelt, lernten europäische Lebensweisen kennen, verdienten Geld und erhielten Geschenke. Sie litten an Heimweh und am großstädtischen Trubel; ungewohntes Essen und Kälte machten ihnen zu schaffen, und Krankheiten führten in etlichen Fällen zum Tode.[182] Manche kamen nach ihrer Heimkehr nicht mehr zurecht, andere konnten zu Hause ihren Status und ihre sozioökonomische Lage verbessern. Zudem entwickelten die Völkerschau-Darsteller auch Strategien der Selbstbehauptung: Sie machten sich über ihr Publikum lustig, wehrten sich gegen körperliche Übergriffe und verweigerten die Arbeit. Manche ließen sich mehrfach engagieren, manche entwickelten ein professionelles Selbstverständnis.[183]

Diese Völkerschauen waren großangelegte kommerzielle Unterfangen und in ihren Dimensionen ein neues Phänomen. Fremdartig wirkende Menschen konnte man jedoch schon lange zuvor mit eigenen Augen betrachten, zumeist auf Jahrmärkten und Messen, und da spielte Leipzig mit seinen drei jährlichen Messen, vor allem der Oster- und der Michaelismesse, zweifellos eine wichtige Rolle für umherziehende Schausteller. Der Otterwischer Pfarrer Johann Salomon Riemer vermerkte in seiner Leipzig-Chronik für die Neujahrsmesse 1723 nicht nur ein sehr großes Kamel, sondern auch zwei »americanische Printzen«, die ein englischer Schiffskapitän vorführte. An dem Äußeren der jungen Männer – als ihre Namen sind Souase Oke Charinga und Tuskee Stanagee überliefert – faszinierten die langen schwarzen Haare, die dunkle Hautfarbe und vor allem, dass die Körper mit »Hierogliphischen raren Figuren und indianischen Characterib[us] bestreuet oder viel mehr gebrandmarket«[184] gewesen seien, also Tätowierungen zu bestaunen waren.

Während der Messen füllten sich die Straßen und Plätze der Stadt ohnehin mit ausländischen, teils exotischen Messebesuchern. Anschaulich beschreibt der neunzehnjährige Johann Christian Müller, Sohn eines Schmieds aus Stralsund, der 1739 auf dem Weg zu seinem Studienort Jena in Leipzig Station machte, das faszinierende Menschengewirr:

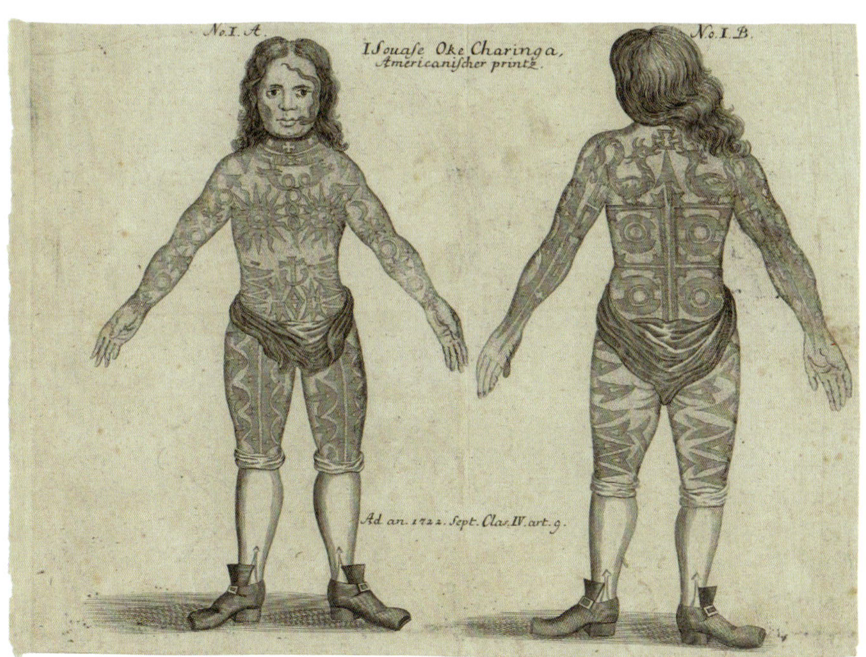

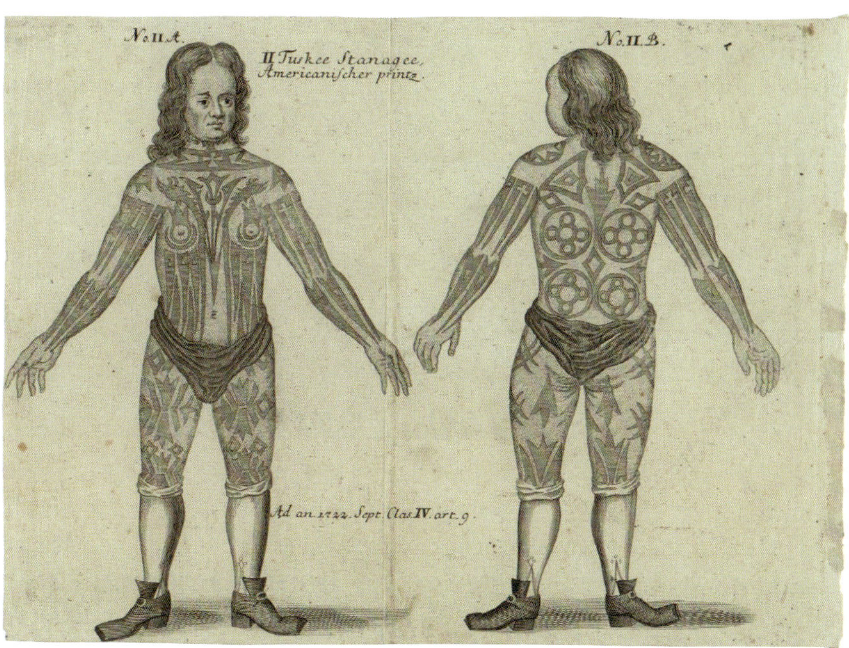

Zu Beginn des Jahres 1723 konnten die Leipziger zwei »americanische Printzen« betrachten, die am ganzen Körper tätowiert waren. Die beiden jungen Südamerikaner gelangten wohl als Beute eines englischen Kapitäns nach Europa.

> Das artige Sächsische Frauenzimmer, die Leipziger galanten Herren, mit allerlei andern Ausländern, Ungarn, Siebenbürgern, Jüden, Türken, Griechen, Araber, Armenier, Chineser, Persianer, Mohren, Rußen, Holländer, Engelländer p. p. in ihren unterschiedenen, seltenen und zum Theil seidenen, bunten langen, auch geblühmten Kleidern, wobei der Bund, und die Dolche in dem Gurth mit Edelsteinen besetzet, oder auch mit ihren langen Bärten, bloßer von der Sonne braun gebrannter Brust, vermischt, und in einer friedlichen obwohl geschäftigen Bewegung, setzen das Auge in Erstaunen, und erwecken gewiß eine Bewunderung.[185]

Diese Messebesucher gehörten jedoch zur bekannten Welt, sie waren Handelspartner, mit denen man sich, durch wirtschaftliche Interessen verbunden, auf Augenhöhe traf. Als »Mohren« galten zu jener Zeit im engeren Sinne Menschen aus Äthiopien, im weiteren Sinne alle Menschen dunkler Hautfarbe.[186] Den vermutlich ersten schwarzen Menschen, der vorübergehend in Leipzig lebte und hier begraben wurde, erwähnt Johann Jacob Vogel in seinen »Annales«. Er war ein Diener des Grafen Magnus Gabriel de la Gardie, General und Mitglied des schwedischen Reichsrats, der während der schwedischen Besatzung im Dreißigjährigen Krieg in Leipzig weilte.[187] Da der Diener nicht getauft war, den christlichen Glauben aber annehmen wollte, ließ ihn der Graf am 30. November 1649 auf dem Johannisfriedhof ohne Zeremonien begraben.[188] Offenkundig handelte es sich bei ihm um einen sogenannten »Kammermohren«, einen jener schwarzen Diener, die an europäischen Höfen seit dem frühneuzeitlichen Kolonialismus als prestigeträchtige Statussymbole fungierten. Er bleibt namenlos, denn auch das Ratsleichenbuch verzeichnet ihn lediglich als »Mohr«.[189]

Im 18. und 19. Jahrhundert wuchs das Angebot an Reiseberichten, die weit entfernte und exotische Welten erschlossen; man denke an so bekannte Gestalten wie Georg Forster oder Alexander von Humboldt. Zudem entwickelte sich eine belletristische Reise- und Abenteuerliteratur, für die der Leipziger Schriftsteller Friedrich Gerstäcker ein herausragendes Beispiel ist. Von der indigenen Bevölkerung anderer Kontinente lieferten zeitgenössische illustrierte Werke dank verbesserter technischer Reproduktionsmöglichkeiten, wozu vor allem der Holzstich zählte, immer bessere Bilder. Die im Leipziger Verlag von Johann Jakob Weber erscheinende »Illustrirte Zeitung« berichtete zwischen 1878 und 1888 in 23 Beiträgen über Völkerschauen; davon kam nur ein Artikel ohne Illustration aus.[190]

Bereits im frühen 19. Jahrhundert verdienten sich Schausteller in Leipzig Geld mit der Präsentation exotischer Menschen, die neben anderen Attraktionen – Tanzbären, Artisten, Abnormitäten oder Menagerien – gezeigt wurden.

Den 30. Novembr. ließ Graff Magnus de la Gardie einen Mohren/ der ihm auffgewartet und des gestrigen Tages gestorben/ auff den Gottes-Acker/ wiewohl ohne Schüler und Christlichen Leichen-Ceremonien/ weil er nicht getaufft war/ und den Christlichen Glauben hat annehmen wollen/ begraben.

Ein Mohr wird begraben

Eintrag über die Bestattung eines »Mohren« in der Chronik von Johann Jacob Vogel: »Leipzigisches Geschicht-Buch« (1714)

Zumeist blieben sie als ›Exempel‹ von Ethnien namenlos, es sei denn, der Tod ereilte sie unverhofft und die »Leichenschreiberei« verlangte nach einem möglichst korrekten Eintrag. So geschehen 1806, wo im Leipziger Ratsleichenbuch unter dem Begräbnistag 10. Mai ein zehn Monate altes »Knäbchen« namens Alexander verzeichnet ist, der am 8. Juli 1805 im kurländischen Mitau geborene, am 6. Oktober in Altona getaufte und am 8. Mai in Leipzig gestorbene Sohn des »Lappländers« Knut Olofsson Sonna aus »Juckasjarsvi« (Jukkasjärvi) und dessen Ehefrau Ingri. Ein gewisser Herr Belli aus Parma hatte Kind und Mutter – der Vater war zwischenzeitlich verstorben – auf der Messe »für Geld sehen lassen«; die spärlichen Lebensdaten des Kindes lassen die Route des Schaustellers nachvollziehen. Hinzugefügt ist die Bemerkung: »ist in Spiritus gekommen«.[191] Belli zeigte in der Folgezeit das Präparat des Säuglings, verkaufte es dann aber an den Göttinger Anatomen und Anthropologen Johann Friedrich Blumenbach[192] und nahm mit einem Wachsmodell vorlieb.
Auch einzelne ›Exempel‹ anderer Ethnien waren in Leipzig zu sehen, so zum Beispiel 1812 ein »Hottentotte«.[193] Der Artikelschreiber des Leipziger Tageblatts, der diese Messe-Sehenswürdigkeit ankündigte, äußerte zwar Verständnis für das Interesse an den »Brüdern aus fremden Zonen«, aber auch eine kritische Frage: »was würdest Du, Leser [...], in Deinem Innern empfinden, wenn Du, weggefangen, zum Schauspiel in fremde Erdtheile geführt würdest, um Deinem Bezwinger, bald ein weniger, bald ein reichlicheres Einkommen zu gewähren?«[194] 1814 wurde eine »Kaffernfamilie«[195] gezeigt, 1824 ein »Eskimo«-Paar und 1825 ein Botokude.[196] Weitere Schaustellungen von Einzelpersonen oder kleinen Personengruppen finden sich durch das gesamte Jahrhundert hindurch.[197] Auch Angehörige einer fremden, wenngleich nicht so entfernt lebenden Ethnie weckten »ethnologisches« Interesse: Als sich 1864 eine Gruppe von etwa vierzig »Zigeunern« auf der Kommunalweide von Wiederitzsch niederließ, pilgerten viele Leipziger Einwohner dorthin, um sich den aufregenden (und kostenfreien) Anblick nicht entgehen zu lassen.[198]

Im Kaiserreich wurde dann die Zurschaustellung exotischer Menschen Teil der populären Unterhaltungskultur. Der Zoologische Garten war sicher der wichtigste Schauplatz, aber auch in der Glitzerwelt des Varietés wird man fündig. Im *Krystallpalast* traten 1885 Tänzerinnen und Tänzern aus Kamerun auf, die, wie das Leipziger Tageblatt vom 31. Mai 1885 berichtete, anschließend zu einem spontanen Bierkommers eingeladen worden seien. Man habe Hüte getauscht und Reden gehalten.[199] Der Kontext war hier anders, die Umgebung waren nicht Tiere in Käfigen, sondern die Darsteller agierten wie andere, nicht-schwarze Künstler auf der Bühne, aber sie führten letztlich nicht (nur) eine künstlerische Kreation auf, sondern sich selbst, und zwar im Rahmen eines kolonialen Machtverhältnisses.

Angehörige fremder Ethnien beziehungsweise ihre Kulturgüter waren zudem Teil von Ausstellungen, in denen man sie in einen wirtschaftlichen oder kulturgeschichtlichen Zusammenhang stellte. Mit ihrer Aura des Exotischen sollten sie zum Besuch anreizen, sie versprachen Schauwert und Unterhaltung. Als 1897 die große *Sächsisch-Thüringische Industrie- und Gewerbeausstellung* in Leipzig stattfand, konnten die Besucher eine Deutsch-Ostafrikanische Ausstellung besuchen, die nicht zuletzt dem Ziel diente, die Unternehmen zu wirtschaftlichen Aktivitäten in den deutschen Kolonien zu animieren. Man hatte unter anderem eine »Inder-Straße« ähnlich wie in Daressalam mit Läden und Cafés nachgebaut; zu sehen gab es ethnographische Objekte, Kolonialprodukte, tropische Gewächse und Dioramen.[200] Im Scheibenholz befand sich ein »Ostafrikanisches Dorf« mit 47 Personen, die Schmuck und Gebrauchsgegenstände anfertigten, aber auch Schaukämpfe und wilde Tänze vorführten.[201] Solche »Eingeborenendörfer«, die Authentizität suggerierten, waren Bestandteil zahlreicher Ausstellungen in jener Zeit.[202] In Leipzig zog man einen doppelten Drahtzaun um das Dorf, um »ärgerliche Scenen«[203] zu vermeiden, die es in der großen, als Vorbild dienenden Berliner Kolonialausstellung 1896 gegeben hatte, also vermutlich um die Afrikaner vor der allzu großen Neugier der Besucher zu schützen.

Stärker um den Aspekt der Kulturgeschichte ging es hingegen bei der *Bugra* 1914, der *Internationalen Ausstellung für Buchgewerbe und Graphik*. Das Ausstellungsareal, das sich über das Gelände der Alten Messe bis zum Völkerschlachtdenkmal erstreckte, wurde von einer »Straße der Nationen« durchzogen, an der sich Nationenpavillons aneinanderreihten und zudem ein Pavillon stand, der die Ausstellungen »Deutsche Kolonien« und »Deutschtum im Ausland« zeigte.[204] Die Besucher sahen ethnographische Exponate, die u. a. die *Leipziger Mission* beisteuerte, und Bilder des Malers Ernst Vollbehr; außerdem konnten sie sich über das koloniale Schulwesen informieren.[205] Am Ende der Straße befand sich die »Halle der Kultur«, der bis heute erhalten gebliebene imposante Kuppelbau von Wilhelm Kreis. Den rechten Flügel mit einer Fläche von rund 900 Quadratmetern gestaltete das Museum für Völkerkunde.[206] Die opulente Exposition, die Karl Weule verantwortete, führte den Titel »Vorstufen der Schrift und Graphik« und folgte einem Entwicklungsgedanken, bei dem die lebenden »Naturvölker« als »kulturell zurückgebliebene Glieder

Mit hoher Obrigkeitlicher Bewilligung
hat Unterzeichneter die Ehre, einem verehrungswürdigen Publikum ergebenst bekannt zu machen,
daß er, heute und die folgenden Tage

Eine lebende Afrikanische

Caffern-Familie

von der Küste Congo

zu zeigen, die Ehre haben wird.

Anzeige und ergebenste Danksagung.

Da mir von Seiten einer hiesigen hohen obrigkeitlichen Behörde die gütige Erlaubniß zu Theil geworden ist, meine Kaffernfamilie von heute an bis inclusive Donnerstag noch produzieren zu dürfen, so bitte ich ein verehrungswürdiges Publikum, mich diese kurze Zeit mit ihrem gütigen Besuche zahlreich zu beehren und sage zugleich den guten und kunstliebenden Bewohnern Leipzigs meinen verbindlichsten Dank für den gütigen Beifall, dessen ich mich nicht nur bei meinem gegenwärtigen dritten Hiersein zu erfreuen gehabt habe, sondern den sie mir auch im Jahre 1814 mit gleichem Interesse schenkten, wo ich zum ersten Male mit einer Kaffernfamilie von der Küste Mosambique in diesen Mauern erschien, so wie im Jahre 1820, wo ich mit Buschmännern von Botany-Bay hier war, welche so wie gegenwärtige Kaffernfamilie, von hiesigen und auswärtigen Professoren und Universitäten genau untersucht und über dieselben die gültigsten und besten Zeugnisse ausgestellt worden sind. Nie soll das Andenken an diese gute Stadt in mir erlöschen, und in weiter Ferne werde ich mich noch der gütigen Aufnahme und der schätzbaren Wohlgewogenheit erinnern, womit mich die edlen Bewohner derselben bei meinem jedesmaligen Aufenthalte beglückten.

Es sind dieselben von mehreren auswärtigen als auch von Hrn. Dr. Ernst Heinr. Weber, Professor der Anotomie zu Leipzig als wirklich ätiophischen Ursprungs und afrikanischer Herkunft vermöge ihres kräftigen Knochenbaues und anderer natürlichen Auszeichnungen für ächt naturell gefunden und anerkannt worden.

H. Hill.

Der Schauplatz ist an Reimers Garten in der dazu erbauten Bude.

Preise der Plätze.

Erster Platz 8 Gr. Zweiter Platz 4 Gr. Dritter Platz 2 Gr.

Diese afrikanische Familie ist Morgens von 10 bis 12 Uhr, und Nachmittag von 1 bis 8 Uhr zu sehen. Ihre Mahlzeit werden Selbige Nachmittags um 5 Uhr halten.

Reimers Garten, zuvor der Großbosische Garten, war ein beliebter Ort für Schaustellungen. Zu den exotischen Attraktionen gehörte eine »lebende Caffern-Familie«. Schausteller Heinrich Hill versprach deren Echtheit, die der Leipziger Anatomieprofessor Ernst Heinrich Weber und andere Autoritäten beglaubigt hätten.

Das Ostafrikanische Dorf auf der Sächsisch-Thüringischen Gewerbeausstellung (Illustrierte Chronik, Leipzig 1897, S. 133).

Postkarte vom Ostafrikanischen Dorf auf der Sächsisch-Thüringischen Gewerbeausstellung 1897.

der Menschheit«[207] sozusagen in Analogie die früheren Stufen der Entwicklung repräsentierten. Gezeigt wurde unter anderem die Bamun-Schrift, die Njoya, der Herrscher der Bamun (auch Bamum) in Kamerun, mit seinen Beratern in jener Zeit aus Piktogrammen zu einer Buchstaben- und Silbenschrift entwickelt hatte.[208] Zudem sahen die Besucher lebensgroße Figurinen von Indianern, tätowierenden Samoanern und sieben Tänzern aus Deutsch-Neuguinea, die eine Maskentanzszene darstellten.

Die Präsentation von Menschen ferner Ethnien, die in der Kolonialzeit ihren unrühmlichen Höhepunkt erreichte, verweist in all ihren verschiedenen Kontexten auf das Phänomen des Exotischen, des verlockenden Fremden, das zur Projektionsfläche eigener Vorstellungen und Sehnsüchte wird. Exotismus mag ungefährlich erscheinen, denn er ist nicht mörderisch, aber er konstruiert immer das Gegenüber als das Andere, als das von einer imaginären Norm Abweichende. Er reduziert Menschen auf bestimmte Merkmale und erzeugt Klischees, die Komplexität und Lebenswirklichkeit ausblenden;[209] das hat er mit dem Rassismus gemein.

Dieser Exotismus mit seinem ikonisch festschreibenden Potential wird am sichtbarsten in der Werbung, denn sie intendiert starke Bilder, die sich den Konsumenten einprägen sollen. Im späten 19. Jahrhundert entwickelte Werbung im Zusammenhang mit der massenhaften industriellen Herstellung von Waren, der wachsenden Konkurrenz und der Erfindung von Produktmarken eine ganz neue Dynamik. Bilder in Zeitungen oder auf Plakaten spielten dabei eine wichtige Rolle, und so wundert es nicht, dass Firmen in der Kolonialzeit verstärkt auch Exotik für Werbezwecke einsetzten. Als Träger einer Werbebotschaft sind derlei Gestalten zwar zumeist positiv konnotiert, aber gerade durch ihre Bildhaftigkeit prägen sie langfristig stereotype Vorstellungen. Schwarze Figuren erschienen vorzugsweise in dienender Position, und vor allem ist es die Physis des Anderen, die für kommerzielle Zwecke genutzt wird. Die wohl bekannteste Figur in diesem Kontext ist der Sarotti-Mohr, der zum Markenzeichen wurde.[210]

Vergleichbares ist in Leipzig nicht kreiert worden, und es lässt sich auch nicht sagen, dass Leipziger Firmen häufig Bildmotive mit exotischen Bezügen verwendet hätten. Aber hier und da gibt es sie durchaus, beispielsweise finden sich – ästhetisch anspruchsvoll gestaltet – in der Reklame für Kaffee und Schokolade des Handelshauses Riquet neben Motiven wie Elefant, Kind und blondzopfiger Frau auch attraktive, schwarze Frauen in mehr oder weniger erotischer Pose[211] oder der schwarze Junge, der Pralinenschachteln trägt.[212]

Mit negativen Assoziationen arbeitete hingegen eine Werbung der Blumenhandlung Richter aus den 1920er Jahren: Eine Afrikanerin sticht sich an einem Kaktus die Nase blutig, ihr Bananenröckchen zitiert den bekannten

Vor dem Pavillon auf der Bugra, der die Ausstellung über die deutschen Kolonien beherbergte, stand eine kleine Kapelle, die die Form einer Dschaggahütte besaß und als Blickfang diente (Schramm: Die Ausstellung der deutschen Kolonien, nach S. 142).

erotischen Tanz von Josephine Baker, doch die überzeichneten Körpermerkmale machen sie zur Karikatur, und die Verletzung an der stachligen Pflanze lässt sie als dumm oder ungeschickt erscheinen. Die Riebeck-Brauerei nutzte für ihre Bierwerbung die Prohibition in den USA (1920–1933), als dort Herstellung und Verkauf von Alkohol landesweit verboten waren. Das Zeppelin-Motiv nimmt Bezug auf den berühmten LZ 127, dessen erste Atlantiküberquerung im Oktober 1928 stattgefunden hatte. Der schwarze Gepäckträger ist ein weiterer Blickfang und entsprach in seiner dienenden Funktion durchaus der Wirklichkeit. An Verächtlichkeit kaum zu überbieten ist die Werbung

Njoya, Herrscher des westafrikanischen Königreichs Bamun (Bamum), hatte eine Schrift entwickelt, die auf der Bugra 1914 ausgestellt wurde (Hassert: Deutschlands Kolonien, Leipzig 1910, nach S. 170).

Ansichtskarte von John Glattys Lokal »Zum Afrikaner«, gelaufen 1909.

des Fachgeschäfts Adolf Starck für Stahlwaren: Einem ängstlich zappelnden schwarzen Menschlein, das Ähnlichkeit mit einem Frosch besitzt, wird am Kopf eine übergroße Schere angesetzt.

Eine rätselhafte Geschichte ist die kurze Existenz eines Lokals in Leipzig, das von einem Afrikaner geführt wurde und sich an der Kreuzung von Quer- und Schützenstraße befand. John Glatty, der Inhaber, stammte vermutlich aus Sierra Leone und versuchte in mehreren Städten sein Glück als Gastronom, darunter Dresden und Zürich. Im Leipziger Adressbuch ist er als Johannes Glatty von 1907 bis 1910 als Gastwirt verzeichnet; 1910 steht auch der Name seines Lokals dabei: »Zum Afrikaner«. Glatty starb im September 1910 in Frankfurt am Main und wurde nach Leipzig zur Bestattung überführt.[213] Die Ansichtskarte lässt vermuten, dass er mit Palmeninterieur und schwarzer Bedienung das Bedürfnis nach dem Ungewöhnlichen und Exotischen zu stillen suchte. Die Biergläser, die das Personal demonstrativ in den Händen hält, legen jedoch nahe, dass sich das Getränke- und Speiseangebot an vertrauten Gewohnheiten orientierte.

Curt Glaser, im Adressbuch als Kunstmaler geführt, verdiente sich sein Geld auch mit Reklame-Klischees für die Lebensmittelbranche (Kolonialwaren-Zeitung, 11. 11. 1913 (Nr. 88), 2. Beilage).

Makabre Werbung für Stahlwaren (Das Neue Leipzig, Dezember 1929, S. 169).

Die Kaffeegroßhandlung Poetzsch warb für sich mit Palmen-Exotik und kaffeekredenzendem Afrikaner; Leipziger Konzert-, Theater- und Verkehrsblatt 1928.

Werbepostkarte für die Riebeck-Brauerei, gezeichnet vom bekannten Berliner Karikaturisten Paul Simmel.

Reklame für die Firma Riquet, entworfen vom renommierten Maler und Plakatgestalter Ludwig Hohlwein (Illustrierter Führer durch Leipzig, 1926).

Ein Indianer schwitzt nie? Hier scheint es um einen Rauchtabak namens »HMTATA« zu gehen, der wohl gegen das Schwitzen helfen sollte.

Wiederholt geschaltete Anzeige der Leipziger Blumenhandlung Max Richter im Leipziger Konzert-, Theater- und Verkehrsblatt 1925.

Exotische Asien-Motive auf Reklamemarken der Firma Riquet, die ab 1745 unter anderem mit Tee handelte.

Postkoloniales

Herta Däubler-Gmelin erinnerte sich in ihrer »Rede zur Demokratie«, die sie 2018 in der Nikolaikirche hielt, an eine besondere Situation: Als am 9. Oktober 1989 die Menschenmenge ungehindert um den Leipziger Ring zog, befand sie sich als Bundesjustizministerin in Namibia, das gerade unabhängig von Südafrika wurde, die ersten Wahlen vorbereitete und noch instabil war. Auf Wunsch der UNO sollte Deutschland als ehemalige Kolonialmacht den Weg in die Unabhängigkeit gegen terroristische Angriffe absichern, und da es damals zwei Deutschlands gab und die DDR gute Beziehungen zur SWAPO unterhielt, wurden Soldaten sowohl vom Bundesgrenzschutz als auch von der NVA stationiert. Als am Abend jenes 9. Oktober ein gemeinsames Treffen stattfand, verschwanden jedoch die ostdeutschen Soldaten plötzlich – der Grund klärte sich einige Stunden später auf.[214]

Namibias Erreichen der Unabhängigkeit und der politische Umbruch in der DDR, in dessen Verlauf die Demonstration am 9. Oktober 1989 ein entscheidendes Datum ist, liegen gleich viele Jahre zurück. Es ist hierzulande noch immer wenig im Bewusstsein, welche langanhaltenden Folgen das kolonialistische Unrecht bis heute hat und wie stark es noch immer die globale Verteilung von Wohlstand und die Chancen auf eine gesicherte, auskömmliche Existenz bestimmt. Die Befreiungsbewegungen der Kolonien setzten in den 1950er Jahren ein und wurden flankiert von diversen Theoriebildungen zur Geschichte des Kolonialismus und seinen Nachwirkungen, die unter dem umstrittenen Begriff des Postkolonialismus zusammengefasst werden. Dabei geht es um heterogene und vielfältige Themen, beispielsweise fortwirkende wirtschaftliche Abhängigkeit, Migration und deren Ursachen, vor allem aber um die eurozentrische Konstruktion von Geschichte, um mentale Dispositionen, um Prozesse, durch die Menschen(gruppen) als »die Anderen« klassifiziert und stereotypisiert werden (*Othering*), um Selbst- und Fremdbilder, Diskursbedingungen, Argumentationsstrategien oder eine angemessene Erinnerungskultur.[215]

Der Umgang der DDR mit dem Themenkomplex des Kolonialismus ist von Historikerseite noch nicht ausreichend erforscht worden. Politisch stellte sich die DDR dezidiert auf die Seite der »jungen Nationalstaaten«. Die antikoloniale Haltung entsprach zum einen linker Tradition, zum anderen standen dahinter – wie bei jedem Staat – außenpolitische Interessen, da man sich sozialistische Entwicklungen in diesen Ländern und damit potentielle Bündnispartner sowie diplomatische Anerkennung erhoffte.[216] Die Frontenbildung in Zeiten des Kalten Krieges war erwartungsgemäß scharf: hier die fortschrittliche, solidarische DDR, dort der reaktionäre »Bonner Neokolonialismus«. Immerhin wurde, so plakativ die politische Propaganda auch war, der Kolonialismus öffentlich zum Thema gemacht. Eine wirkliche gesellschaftliche Aufarbeitung blieb indes aus. Es gab in der DDR keinen Spielfilm, der sich mit der Geschichte des deutschen Kolonialismus beschäftigt hätte,[217] und auch keinen Dokumentarfilm, der eine Debatte angestoßen hätte wie im Westen Deutschlands die 1966 ausgestrahlte, kontrovers diskutierte Dokumentation »Heia Safari. Die Legende von der deutschen Kolonial-Idylle in Afrika« von Ralph Giordano.[218] Anders sieht es auf dem Gebiet der Belletristik aus; hier lassen sich in der DDR bereits in den 1950er Jahren etliche literarische Werke ausmachen, die allerdings nicht die deutsche Kolonialgeschichte thematisieren. Das leistete dann der Roman »Sturm über Südwest-Afrika«, den der Leipziger Schriftsteller Ferdinand May 1962 im Jugendbuch-Verlag Neues Leben veröffentlichte. In Anbetracht der damals noch schwierigen historischen Recherchen entstand ein erstaunlich kenntnisreicher, anschaulich und spannend geschriebener Text über den Krieg gegen die Herero und Nama,[219] der zwar heute der kritischen Einordnung bedürfte, aber doch eindringlich von der Entrechtung und Unterdrückung der afrikanischen Bevölkerung erzählt und um Differenzierung auf beiden Seiten bemüht ist.

Wie sah es mit dem Wissenschaftsstandort Leipzig aus? Im Zuge der 3. Hochschulreform 1969 musste die Universität das Geographische Institut an Halle abgeben. Das Museum für Länderkunde, durch die Kriegszerstörung des Grassi-Komplexes schwer getroffen, war ab 1952 im ehemaligen Reichsgericht untergebracht, verlor in den 1960er Jahren an Bedeutung und wurde schließlich 1975 aufgelöst. Anders das damit verbundene Forschungsinstitut, das ausgebaut und 1969 als »Geographisches Institut« an die Akademie der Wissenschaften der DDR angeschlossen wurde. Es behielt seinen Sitz im ehemaligen Reichsgericht, und insofern wurden geographische Forschungen in Leipzig auch weiterhin betrieben, nunmehr außeruniversitär. Das Ethnologische Institut hatte nach 1945 zunächst einen amerikanischen und australisch-ozeanischen Schwerpunkt. Ab 1957 wandte es sich dank der Lehrtätigkeit von Ernst Dammann[220] und ab den frühen 1960er Jahren mit der Lehre und Forschung von Wolfgang Liedtke verstärkt Afrika zu. Als mit der 3. Hochschulreform die Sektion Afrika- und Nahostwissenschaften gegründet wurde, er-

Aus Anlass der Tagung »Probleme des Neokolonialismus« erschien ein kleiner Band mit dem Hauptreferat von Walter Markov und dem Schlusswort von Peter Florin (1961).

hielt die Ethnologie innerhalb dieser Sektion den Status eines Lehr- und Forschungsbereichs.[221] Um die Arbeiten und Leistungen zu bilanzieren, die die Wissenschaftler unter den Vorgaben des marxistisch-leninistischen Geschichts- und Fortschrittskonzepts erbrachten, bedarf es eingehenderer Untersuchungen. Das gilt ebenso für das Völkerkundemuseum, dessen Geschichte noch zu schreiben ist. Es trug im Namen zusätzlich die Bezeichnung »Staatliche Forschungsstelle« und hatte die Aufgabe, eigene Forschungen zu betreiben. Das schlug sich in einer vergleichsweise üppigen personellen Ausstattung nieder. Am Museum arbeiteten in DDR-Zeiten zwölf bis sechzehn hochqualifizierte Fachkräfte, die durch Feldstudien und Veröffentlichungen hervortraten, für die es eigene wissenschaftliche Publikationsreihen gab: ein Jahrbuch, das unter leicht variiertem Titel ab 1906 existierte (2013 eingestellt), die »Mitteilungen aus dem Museum für Völkerkunde Leipzig« sowie eine Reihe für Monographien. Und nicht nur die wissenschaftliche, sondern auch die Bildungsarbeit durch Ausstellungen und die museumspädagogische Abteilung wären kritisch zu würdigen.

Führend war die Universität Leipzig auf dem Gebiet der Afrikawissenschaften. An die Afrika-Linguistik hatte man anknüpfen können, als im Dezember 1958 die Abteilung Afrikanistik am Institut für Orientalistik gegründet wurde, deren Leitung Kurt Büttner übernahm. Noch früher, zu Beginn der 1950er Jahre, setzte die historische Forschung zu Afrika ein.[222] Maßgebliche Impulse gab der Historiker Walter Markov, der ab 1948 in Leipzig lehrte und am Institut für Kultur- und Universalgeschichte (bzw. Institut für Allgemeine Geschichte) neben der komparatistischen Revolutions- schon früh auch die Kolonialgeschichtsforschung aus marxistischer Perspektive vorantrieb. Sein Ansatz, eine eurozentrische Perspektive zu überwinden, besaß internationale Ausstrahlung.[223] Bereits in den 1950er Jahren fanden einschlägige Tagungen statt: 1957 und 1958 zur Kolonialgeschichte, 1959 zur neueren und neuesten

Geschichte Afrikas. Im April 1961 wurde Leipzig dann zum Austragungsort einer großen viertägigen Konferenz, die die Universität mit 700 Teilnehmern aus 48 Ländern unter der Überschrift »Probleme des Neokolonialismus und die Politik der beiden deutschen Staaten gegenüber dem nationalen Befreiungskampf der Völker« veranstaltete.

Im sogenannten Afrika-Jahr 1960 – siebzehn afrikanische Staaten erhielten ihre Unabhängigkeit – wurde schließlich das Afrika-Institut gegründet,[224] das die Forschungen zusammenführte und zunächst zwei Abteilungen – Sprachwissenschaft und Geschichte – umfasste. Es gehörte der neugegründeten Fachrichtung Asien- und Afrikawissenschaften an[225] und wuchs in der Folgezeit rasch, sodass sich die Universität in Konkurrenz zur Berliner Humboldt-Universität als Zentrum für Afrikawissenschaften in der DDR etablierte. Konzeptionell verfolgte man mit der Verknüpfung von Forschungen zu Geschichte, Wirtschaft, Recht, sozialen Strukturen, Sprache und Kultur einen modernen, komplexen Ansatz, der im Westen Deutschlands erst »wesentlich später aufgegriffen wurde«.[226] Bei aller politischen und ideologischen Funktionalisierung kommt vielen Initiativen und Veröffentlichungen das Verdienst zu, »erste wichtige Schritte zu einer kritischen Auseinandersetzung mit der Kolonialvergangenheit überhaupt«[227] getan zu haben.

Ehrung von Patrice Lumumba am 1. Mai 1964. Seit 1961 stand vor dem Herder-Institut eine Büste von Patrice Lumumba, dem ersten Premierminister des unabhängigen Kongo, der im Januar 1961 ermordet worden war. Die Stadt benannte die Döllnitzer Straße in Südgohlis in Lumumbastraße um.

GETU ABRAHAM
Veterinärmediziner, Stadtrat

Leipzig ist meine zweite Heimatstadt. Hier habe ich Veterinärmedizin studiert, hier forsche und lehre ich als Professor, hier lebe ich mit meiner Familie, hier engagiere ich mich als SPD-Mitglied und im Stadtrat für die Belange der Menschen der Stadt und – ich vermute mal – bin in diesem Gremium der erste Schwarze.

Als ich 1967 in Äthiopien zur Welt kam, war an einen solchen Werdegang nicht zu denken. Mein Vater war Pionier-Müller in Yetmen, einem kleinen Ort etwa zweihundertfünfzig Kilometer nordwestlich von Addis Abeba. Zu ihm kamen die Bauern aus der Umgebung mit ihren Getreidesäcken und ließen ihr Korn mahlen. Meine drei Brüder und ich halfen bei der Arbeit; als ich in der vierten oder fünften Klasse war, konnte ich die Mühle bereits allein in Gang setzen. Der Schulbesuch war und ist in Äthiopien kostenlos, aber eine höhere Bildung zu erhalten, war nicht selbstverständlich und nicht einfach. Meine Eltern waren beide noch Analphabeten. Die ersten sechs Jahre besuchte ich die Yetmen-Grundschule, dann ging ich im fünfzehn Kilometer entfernten Ort Bichena zur Schule, wo ich die Woche über wohnte. Am Sonntagabend lief ich mit einigen Kindern aus Yetmen zu Fuß los und kehrte am Freitagnachmittag zurück. Ich nahm Essen für mehrere Tage mit und schlief mit drei Nachbarskindern in einem unmöblierten Zimmer, das wir gemeinsam gemietet hatten. So ging das bis zur zehnten Klasse, und dann wechselte ich nach Debre Markos auf eine High School, die rund siebzig Kilometer entfernt von zu Hause war, sodass ich nur etwa alle drei Monate meine Familie besuchen konnte. Es war normal, sich das als junger Mensch alles selbst zu organisieren.

1990 in Leipzig. Das Foto entstand in den Grünanlagen am Gewandhaus, im Hintergrund erkennt man das Europa-Hochhaus.

Auf dem Gelände der Veterinärmedizinischen Fakultät der Universität Leipzig, 2021

Von der zehnten Klasse an wusste ich: Ich muss etwas werden, ich will etwas schaffen! Dahinter steckte nicht nur Ehrgeiz, sondern auch der Wunsch, die Familie zu unterstützen. Mein Vorbild war mein älterer Bruder, der sehr intelligent und gut in der Schule war und Lehrer wurde. Nach der zwölften Klasse besuchte ich ein College in der Nähe von Addis Abeba, absolvierte eine Ausbildung zum Assistenten für Tiermedizin, wurde dort auch Dozent, strebte aber ein Universitätsstudium an. Da bot das College die Möglichkeit an, sich um einen Studienplatz im Ausland zu bewerben. Diejenigen mit den besten Noten sollten in die DDR gehen, die mit den durchschnittlichen in die Sowjetunion, und dazwischen rangierten noch andere sozialistische Länder: Ungarn, die Tschechoslowakei, Bulgarien und Polen. Da ich gute Zensuren hatte, war ich der Erstplatzierte von vierzig und bekam einen Studienplatz in der DDR.

Meine Ankunft in der DDR und in Leipzig werde ich nie vergessen. Wir landeten am 18. August 1989 in Ostberlin und fuhren mit dem Zug weiter nach Leipzig. Hier kamen wir gegen vier Uhr morgens an, sprachen kein Wort Deutsch, nur Englisch, und hatten lediglich eine Zeichnung, die uns den Weg zum Studentenheim in der Straße des 18. Oktober erklärte. Wir gingen zur Haltestelle der Straßenbahnlinie 16. Der ersten Bahn winkten wir – keine Tür öffnete sich, sie fuhr weiter. In die nächste konnten wir dann einsteigen, kannten aber nicht den Knopf, den man drücken musste, wenn die Bahn halten sollte. Und so stiegen wir nicht an der Johannisallee aus, sondern erst am Völkerschlachtdenkmal, wo glücklicherweise jemand einstieg. Von dort aus liefen wir, den Koffer auf dem Kopf, ins Wohnheim, müde und erschöpft.

Ein knappes Jahr, von August 1989 bis Juli 1990, lernte ich dann am Herder-Institut intensiv Deutsch. Das war total gut. Wir waren nicht nur nach Herkunftsländern aufgeteilt, sondern auch nach Fachrichtungen, sodass wir sowohl allgemeinen Sprachunterricht erhielten als auch die Fachsprache lernten. Deutsche Studenten haben uns unterstützt, und die Lehrkräfte kümmerten sich um uns, gingen mit uns einkaufen und achteten beispielsweise auf die Qualität der Winterjacken, die wir bald brauchten. Wir unternahmen auch Exkursionen. Als uns der Reiseleiter erklärte, dass der Fichtelberg der höchste Berg der DDR sei, lachten wir – für uns war das nur ein Hügel. Es gab auch sonst viel Neues kennenzulernen, nicht nur Straßenbahnfahren oder Wurst und Schokolade. Am befremdlichsten waren für mich soziale Phänomene, da fehlte mir ein Stück Heimat. Die Stadt war so menschenleer! Hier machte jeder seins, aß für sich, zahlte für sich. In Äthiopien wäre es undenkbar, allein zu essen und die anderen nicht einzuladen. Mal zahlt der eine, mal der andere. Ich hatte null Vorstellungen von der DDR, habe auch von den Demonstrationen im Herbst 1989 nur wenig mitgekriegt, weil ich auf das Studium fokussiert war und darauf, mein Leben in den Griff zu bekommen. Ursprünglich wollte ich nicht in Deutschland bleiben, sondern zurückkehren wie die meisten meiner Kommilitonen, aber dann hielt mich die Wissenschaft in Leipzig, denn in Äthiopien hätte ich nicht dieselben Forschungsmöglichkeiten gehabt. Rückblickend bin ich dankbar dafür, dass ich hier ein komplettes Studium absolvieren konnte, ohne dass das an Geld gebunden gewesen wäre. Das war eine sinnvolle Bildungsinitiative der DDR, die es in dieser Form leider nicht mehr gibt. Heute werden Promotions- oder Forschungsstipendien vergeben, und ich versuche, junge Wissenschaftler aus Äthiopien hierherzuholen, damit sie sich weiterentwickeln können.

Ob ich Diskriminierung erlebt habe? Meine Erfahrungen waren überwiegend positiv, aber vieles ist auch eine Frage der Interpretation. Ich konnte akzeptieren, als Fremder betrachtet zu werden, ich habe nicht alles gleich negativ bewertet. Mir hat zudem mein Christentum geholfen, ich gehöre der Äthiopisch-Orthodoxen Kirche an und bin ein gläubiger Mensch. Für mich zählt der einzelne Mensch. Außerdem ist in dem Land, aus dem man kommt, auch nicht alles gut, auch da gibt es Differenzen. Ich blende den Rassismus hierzulande nicht aus, aber – es gibt ihn überall, auch in Äthiopien. Dort wurde die Sklaverei erst 1942 offiziell abgeschafft. Äthiopien ist nie kolonialisiert worden, nur die Italiener unternahmen vergebliche Vorstöße. Mit der Geschichte des Kolonialismus habe ich mich aber aus historischem Interesse bereits auf der Highschool beschäftigt und weiß natürlich, dass europäische Kolonialmächte durch Rohstoffe oder den Sklavenhandel reich geworden sind. Dennoch ist die gegenwärtige Debatte für mich schwer zu bewerten und bereitet mir Bauchschmerzen. Die Geschichte soll aufgearbeitet werden, aber ich finde, dass man in einer Stadtgesellschaft friedlich und nicht in einem polarisierenden Ton miteinander reden sollte. Nehmen wir das Beispiel Zoo. Der Zoo hat eine gute Entwicklung genommen, er verbindet viele Länder – warum sollen Menschen dort nicht ihre Kultur zeigen? Ich sehe nicht, dass die heutigen Afrika-Abende in einer historischen Kontinuität zu den Völkerschauen vor 150 oder 100 Jahren stehen. Und selbst wenn die Abende verboten würden, wen interessiert das in Afrika? Niemanden! Für wen tun wir das also, worum geht es eigentlich? Was macht den Zusammenhalt in der Gesellschaft besser? Wichtig ist, wie Menschen heute miteinander umgehen.

Eng verknüpft mit den Auslandsbeziehungen der DDR ist die Geschichte des Herder-Instituts, das die zentrale Einrichtung für junge Menschen aus dem Ausland war, die in der DDR studieren wollten und zunächst Deutsch-Kurse belegen mussten.[228] Als 1951 die ersten ausländischen Studierenden, elf junge Nigerianer und vier Bulgaren, nach Leipzig kamen, richtete man an der Arbeiter- und Bauernfakultät die Abteilung für Ausländerstudium ein.[229] Diese Abteilung wurde 1956 zum Institut aufgewertet und 1961 nach Johann Gottfried Herder benannt. In den folgenden Jahrzehnten erwarb sich das Herder-Institut großes Renommee durch die wissenschaftliche Fundierung des Fachs »Deutsch als Fremdsprache«. Manche der Absolventen des Herder-Instituts studierten am Institut für tropische Landwirtschaft, einer im Afrika-Jahr 1960 an der Universität gegründeten Einrichtung, die politisch die Zusammenarbeit mit den unabhängig gewordenen Kolonien intendierte, zugleich als Bildungsinitiative in deren Interesse lag und eine Form der »Entwicklungshilfe« darstellte. Bis zur Auflösung des Instituts 1996 absolvierten 517 Studierende aus 67 Ländern (davon reichlich die Hälfte afrikanische Staaten) ein Direktstudium. Die meisten stammten, wenn man von den Studierenden aus der DDR absieht, aus Äthiopien (37), Angola (24), Mali (24), Tansania (24) und Vietnam (21).[230]

Unbekannte beseitigten das Denkmal für Patrice Lumumba 1997; auf Initiative der Deutsch-Afrikanischen Gesellschaft Leipzigs wurde es 2011 neu geschaffen.

Der 1942 in der Mongolei geborene Galsan Tschinag, der ab 1962 am Herder-Institut die deutsche Sprache erlernte, dann Germanistik studierte und zum Schriftsteller wurde, erinnert sich in seiner Autobiographie an seine erste Begegnung mit afrikanischen Studenten. Beim Betreten der Schule erblickte er das Denkmal für Lumumba, einen jungen Mann mit »krausen Haaren und etwas wulstigen Lippen«, und sah in der Mensa ähnliche Menschen:

Vietnamesische Studentinnen bei der Demonstration am 1. Mai 1968; im Hintergrund sieht man das Opernhaus.

> Nur, jene sind viel schwärzer, ja, richtig ruß- und rabenschwarz. Ich muss gestehen, die erste Begegnung mit einem Afrikaner erweist sich für mich als ein zutiefst aufregendes Erlebnis – sofort bekomme ich heftiges Herzklopfen. Und das Gefühl darauf: Mitleid mit dem merkwürdigen Wildfremden, an dem mein Blick einerseits stolpert und andererseits klebt. Viele Jahre später werde ich das Geständnis eines Afrikaners lesen, wie es ihm zumute gewesen, als er zum ersten Mal einen Chinesen sah. Ebenso Mitleid, genährt vom Gedanken: Ach, wie hässlich das arme Wesen![231]

Dahinter steht die Erkenntnis, dass Menschen etwas Fremdes zunächst als Abweichung von den eigenen Normen wahrnehmen. Solch alltägliches ›Kategorisieren‹ wird kognitionswissenschaftlich als fundamentale Fähigkeit betrachtet, Wahrnehmungsinhalte zu sortieren und zu bewerten. Es wäre verfehlt, dies von vornherein zu moralisieren, Tschinags Äußerung zeigt aber, dass mit der Kategorisierung fremder Men-

1965 waren ausländische Studierende am Festumzug zur 800-Jahr-Feier Leipzigs beteiligt, der aus Anlass der Verleihung des Stadtrechts 1165 veranstaltet wurde.

schen tendenziell etwas Negatives assoziiert wird. Problematisch wird die Fremdwahrnehmung dann, wenn sie sich mit Abwertung verbindet und zu Stereotypen verfestigt. Welche Erfahrungen die Absolventen des Herder-Instituts miteinander und mit den Leipzigern machten, ist bisher nicht untersucht worden und mangels autobiographischer Quellen vermutlich auch schwierig zu rekonstruieren.

Neben den Studierenden sind die Vertragsarbeiter und -arbeiterinnen zu nennen, die vor allem aus Vietnam und Mosambik kamen, also ehemals französischem bzw. portugiesischem Kolonialgebiet.[232] Zum Teil absolvierten sie eine Berufsausbildung, wenn auch oft nicht die gewünschte. Die DDR-Führung sah darin einen Akt der Solidarität, und zugleich brauchte sie die jungen Leute, um den eklatanten Arbeitskräftemangel in bestimmten Branchen zu decken. Das zeigt das Beispiel der Leipziger Baumwollspinnerei, die Arbeitskräfte aus Mosambik, Angola und Vietnam einstellte.[233] Bis heute sind Ungerechtigkeiten, die aus diesen Arbeitsverhältnissen herrühren, nicht beseitigt worden. Vertragsarbeiter aus Mosambik sahen sich nach ihrer Rückkehr um einen Teil ihres Lohns betrogen, der von der mosambikanischen Regierung einbehalten worden war, um ihre Schulden bei der DDR abzutragen.[234]
Die DDR hinterließ ein zwiespältiges Erbe. Sie positionierte sich antikolonial und antirassistisch, propagierte die internationale Solidarität mit allen um ihre nationale Selbstbestimmung kämpfenden Völkern und organisierte Förderungs- und Ausbildungsaktivitäten, aber sie verfolgte auch eigene wirtschaftliche und politische Interessen, deren Konsequenzen letztlich die Vertragsarbeiter tragen mussten. Wie deren Alltag aussah und dass sie auch in der DDR mit Ressentiments, Stereotypen und Rassismus konfrontiert wurden, war nicht der Gegenstand einer offenen gesellschaftlichen Debatte. Wer etwas über die Perspektive der Betroffenen erfahren möchte, sei auf die Webdokumentation »Eigensinn im Bruderland« verwiesen, dort kommen Menschen mit unterschiedlichen Migrationsmotiven – Studium, Vertragsarbeit, politisches Asyl – zu Wort.[235]

Wenn man sich heute mit den Spuren deutscher Kolonialismusgeschichte in Leipzig beschäftigen möchte, findet man diverse Anknüpfungspunkte. Eine herausgehobene Stellung wird dabei auch zukünftig das Museum für Völkerkunde einnehmen. Im Haus am Johannisplatz setzt man sich seit vielen Jahren kritisch mit der eigenen Tätigkeit und der Sammlungsgeschichte auseinander. Vor allem die Benin-Kunstwerke im Bestand hatten dazu herausgefordert, über den Umgang mit kolonialem Raubgut zu diskutieren.[236] Im juristischen Streit mit den Erben von Hans Meyer hatte man sich außergerichtlich geeinigt:

Werbeflyer des Museums für Völkerkunde (etwa 2002)

Das Museum brachte mithilfe öffentlicher und privater Geldgeber 6,9 Millionen Euro auf und gab aus diesem Anlass eine Publikation mit Bildtafeln aller 53 Objekte dieser weltweit »am meisten geschätzten Werke afrikanischer Kunst«[237] heraus. Wäre die Meyersche Sammlung nicht durch den Ankauf im Museum verblieben, würden sich die wertvollen Stücke heute wohl verstreut in Privatbesitz befinden und wären den Forderungen nach Rückgabe vorerst entzogen. In nächster Zeit wird es auf Bundesebene um Details der Restitution gehen, nachdem sich die Verantwortlichen aus Politik und Museumsarbeit am 29. April 2021 auf eine gemeinsame Erklärung verständigt haben.[238] Diese endlich erfolgte Initiative lässt indes leicht übersehen, dass die Sammelaktivitäten hauptsächlich der Alltagskultur anderer Ethnien galten, die sie – zunehmend im Wissen um deren Bedrohtheit – zu dokumentieren suchten. Insofern sind ethnographische Museen unverzichtbare Orte des kulturellen Gedächtnisses wie auch der historischen Bildung; sie können Respekt und Wertschätzung für die Vielfältigkeit außereuropäischer Kulturen vermitteln und zugleich den geschichtlichen Kontext der Sammlungen kritisch diskutieren.

Das Institut für Afrikanistik (seit 2017 Institut für Afrikastudien) an der Universität Leipzig, das nach Umstrukturierung und drastischem Personalabbau 1993 aus der Sektion für Afrika- und Nahostwissenschaften hervorging, hat beispielsweise durch die Ausstellung »Afrika in Leipzig«[239] und eine Reihe von Publikationen, unter anderem zu den Beständen des Leipziger Missionswerks,[240] Anregungen und Grundlagen für die vertiefte Forschung zur Kolonialismusgeschichte, besonders mit Blick auf Leipzig, geliefert. Aus dem Geographischen Institut der Akademie der Wissenschaften (ab 1976 Institut für Geographie und Geoökologie, IGG) ging 1992 das Leibniz-Institut für Länderkunde hervor, das in Deutschland die einzige außeruniversitäre geographische Forschungseinrichtung ist und über eine bedeutende Bibliothek mit historischen Beständen und über historische Sammlungen von Karten, Bildern, Autographen und Nachlässen verfügt, die reichhaltiges Material für die Erforschung der kolonialen Ära bereithalten.[241] Ein besonderer Bestand sind die rund tausend Bilder des Malers Ernst Vollbehr, der sämtliche deutschen Kolonien in Afrika bereist und farbenfrohe Porträts sowie Landschaftsbilder angefertigt hatte, die nichts von der Unterwerfung und dem Leid der lokalen Bevölkerung zeigen.[242] Sie sind digitalisiert worden und komfortabel auf der Homepage der Leibniz-Instituts für Länderkunde zugänglich.

Auch das Leipziger Missionswerk bietet Anknüpfungspunkte. Im Domizil in der Paul-List-Straße informiert seit 2011 eine Dauerausstellung über seine Geschichte und das gewandelte Verständnis der missionarischen Arbeit. Die historische Verflechtung mit dem Kolonialismus wird dort eher indirekt thematisiert, aber seit einigen Jahren verstärkt reflektiert, wie man an den Angeboten und Informationen auf der Homepage sehen kann. Das Missionswerk engagiert sich zudem als Träger im Programm »weltwärts« und bereitet seit 1994 junge Menschen auf einen sozialen Einsatz in Indien, Tansania oder Papua Neuguinea vor. Dazu gehört obligatorisch ein rassismuskritisches Modul, das auch für den subtilen alltäglichen Rassismus sensibilisieren soll. Das Programm ist keine Einbahnstraße: Es ermöglicht jungen Leuten aus den Partnerkirchen, hierzulande im Bundesfreiwilligendienst Erfahrungen zu sammeln.

Impulse und weiterführende Informationen gibt zudem die Arbeitsgruppe »Leipzig postkolonial«,[243] die unter dem Dach des Vereins »Engagierte Wissenschaft« das Thema in die gesellschaftliche Diskussion bringen möchte. Sie bietet beispielsweise Vorträge und themenbezogene Stadtführungen an. Ihre prononcierten Vorschläge für Straßen- und Schulumbenennungen sorgten bereits für Widerspruch: zu pauschal, zu wenig im historischen Kontext gedacht. Aber die Arbeitsgruppe stößt Diskussionen an – über (Post-)Kolonialismus und Rassismus wird verstärkt debattiert, und das war überfällig, denn viel zu lange hat man sich zu wenig über den Kolonialismus und den Umgang damit Gedanken gemacht.

Wichtig erscheinen Angemessenheit, Differenzierungsvermögen und Dialogbereitschaft statt eines moralischen Rigorismus, der ahistorische Maßstäbe anlegt und keine Graustufen mehr zulässt, sondern schwarz-weiß malt. Auch der reflektierte, sorgfältige Umgang mit Begriffen, vor allem mit dem Begriff des Rassismus,[244] ist unabdingbar. Und nur wer sich nicht von vornherein im Recht glaubt, nur wer zuhört und nicht konfrontativ den Duktus der Anklage pflegt, stellt Fragen und gewinnt neue Einsichten. Wann gehören Denkmäler vom Sockel gestürzt und Straßennamen geändert? Wieviel Ambivalenz ist

Das Kolonialkriegerdenkmal am Rande des Parkplatzes vor dem Völkerschlachtdenkmal. In einer Aktion wurde es mit roter Farbe übergossen und mit dem Text »Deutsche Gedenkt Eurer Kolonialverbrechen« versehen.

möglich? Was wird wie stark gewichtet? Inwieweit kann ein Mensch den moralischen Horizont seiner Zeit überschreiten, welche Handlungen oder Einstellungen sind indes grundsätzlich inakzeptabel, wenn es um die Ehrung im öffentlichen Raum geht? Zweifellos gehört Gewaltausübung dazu oder die intendierte Abwertung und Diskriminierung von Menschen, zum Beispiel durch rassistische Propaganda.

Nach 1945 erhielten in Leipzig einige Straßen aufgrund ihrer eindeutigen Verbindung mit dem deutschen Kolonialismus neue Namen. Die Wissmannstraße wurde zur Schulze-Delitzsch-Straße, die Lüderitz- zur Gregor-Fuchs-Straße, die Windhuker Straße zur Segerstraße und die Waterberg- zur Neumannstraße. Die alten Namen standen für die koloniale Usurpation mit all ihren Konsequenzen. Aber wie verhält es sich beim Streitfall Ernst Pinkert, der als Gastronom und Zoobetreiber ein gängiges Geschäftsmodell wie die Völkerschau übernommen hatte? Pinkerts Name verbindet sich zuallererst mit der Gründung des Leipziger Tierzoos, deshalb sind eine Straße und Schule nach ihm benannt worden. Weder war er ein führender Protagonist auf dem Gebiet der Völkerschauen, noch hat er sich rassistisch geäußert, noch ist überliefert, dass er die Darsteller nicht gut behandelt hätte.[245] Es gab zu seiner Zeit keine einzige gesellschaftlich relevante Gruppierung, die Anstoß an den Völkerschauen genommen und diese als erniedrigende Praxis bewertet hätte. Muss Pinkerts Name heute aus dem öffentlichen Raum verschwinden, oder kann er bleiben, verbunden mit der Aufgabe, auch an die Geschichte der Völkerschauen zu erinnern?

Ein anderes Beispiel: In Leipzig-Wahren trägt seit 1929 eine Straße den Namen von Ernst Hasse. Hasse war Direktor des Statistischen Büros der Stadt und erwarb sich Verdienste als Statistiker und Historiker der Messegeschichte. Aber er vertrat zugleich aktiv eine aggressive imperialistische und kolonialagitatorische Politik. Als außerordentlicher Professor an der Leipziger Universität bot er von 1888 bis 1907 neben seiner Einführung in die Statistik und den begleitenden Übungen in fast jedem Semester die Lehrveranstaltung »Deutsche Kolonialpolitik« an.[246] Eine besonders unrühmliche Rolle spielte er ab 1893 als Vorsitzender des *Alldeutschen Verbands*, einer Vereinigung radikaler nationalistischer Kräfte, deren diffusen Vorstellungen er in der Funktion des »Chefideologen« ein agitatorisch wirksames Fundament gab. Auch als Abgeordneter der nationalliberalen Reichstagsfraktion verbreitete er die völkischen und imperialistischen Ideen des *Alldeutschen Verbands*,[247] und in seiner »Deutschen Politik« präsentierte er ebenfalls antisemitisches und völkisches Gedankengut, indem er sich für eine »deutsche Rassepolitik« aussprach, die »Rassefremde, also Semiten, Mongolen und Finnen«, von der Einwanderung ausschließen sollte.[248] Die »Reinheit der Rasse des deutschen Volkes« sah er außerdem durch die Kolonien bedroht, besonders in Südwestafrika, wo »recht viele Mischehen« das Land mit »Bastarden zu bevölkern« drohten. Er plädierte dafür, wie in Ostafrika die »Mischehen« zu verbieten, Kinder aus diesen Ehen nicht anzuerkennen und in den Eisenbahnen getrennte Abteile einzurichten, wie dies in Nordamerika üblich sei.[249] Seine Schriften sind von völkischem und rassistischem Geist durchdrungen; er schrieb mit programmatischem, handlungsleitendem Anspruch und ist zu den geistigen Wegbereitern des Nationalsozialismus zu zählen. Müsste ihm die Ehrung durch eine Straßenbenennung nicht schon längst aberkannt worden sein?

Viele Aspekte der Kolonialgeschichte sind unter lokaler Perspektive für Leipzig noch unzureichend erforscht. Für die historische Aufarbeitung wäre es wichtig und produktiv, sich dabei nicht nur auf wenige Aspekte mit hohem Reizpotential wie die Völkerschauen und die Benin-Bronzen zu konzentrieren, sondern sich mit der Thematik in ihrer ganzen Vielschichtigkeit und mit der gebotenen Differenziertheit auseinanderzusetzen.

JOSEFINE SPRINZ
weltwärts-Freiwillige in Tansania

Die ersten achtzehn Jahre meines Lebens wusste ich faktisch nichts über deutsche Kolonialgeschichte: Ich kannte die Ausdrücke *Platz an der Sonne* und *Kolonialwarengeschäft* und hatte mal gehört, dass es irgendwo in der Welt ein paar deutsche Kolonien gegeben haben soll und diese irgendwie mit dem imperialistischen Größenwahn dieser Zeit verknüpft gewesen sein müssen. Dieses Halbwissen verwundert nicht, bedenkt man, dass das Kolonialthema in deutschen Lehrplänen nur am Rande vorkommt. Wir redeten damals zwar zur Genüge über den transatlantischen Dreieckshandel oder die Kongokonferenz, aber nie über das Ausmaß europäischer Kolonialpolitik oder politische, wirtschaftliche, kulturelle und gesellschaftliche Auswirkungen bis heute oder gar über Verantwortungsübernahme, Reparationen und Rückgabe der geraubten Kulturgüter. Das erste Mal, dass ich ernsthaft mit dem Thema in Berührung kam, war ein Seminar vor meinem anstehenden Auslandsjahr in Mwanza, der zweitgrößten Stadt in Tansania – ich wollte mich dort mit Unterstützung meiner Entsendeorganisation DRK Westfalen-Lippe e. V. in sozialen Projekten mit Kindern und Jugendlichen engagieren. Zehn Tage lang setzten wir uns kritisch mit Rassismus, Kolonialismus, Neokolonialismus und unserer eigenen Rolle in diesem Chaos aus Vergangenheit und Gegenwart, Macht und Unterdrückung, Privilegien und Diskriminierung, Verantwortung und Schuld auseinander. Ich erfuhr, dass ausgerechnet Tansania zusammen mit Teilen von Ruanda, Burundi und Mosambik die größte und bevölkerungsreichste deutsche Kolonie gewesen war: Deutsch-Ostafrika. Auch hier wurden Schwarze Menschen durch weiße deutsche

Josefine Sprinz, 2021

Kolonialherren erniedrigt, entrechtet, beraubt, ausgebeutet, geschlagen, ermordet. Allein durch den Maji-Maji-Aufstand in Tansania wurde nach heutigen Schätzungen ein Drittel der einheimischen Bevölkerung getötet: 250 000 bis 300 000 Menschen, das entspricht etwa der Hälfte der Bevölkerung meiner Heimatstadt Leipzig.

Dementsprechend unsicher war ich, in diesem Land, in dem Deutsche einst so viel Leid und Ungerechtigkeit verursacht hatten, jetzt zwölf Monate leben und arbeiten zu wollen. Konnte ich diese verantwortungsvolle Rolle einnehmen, hatte ich mich ausreichend mit dem Thema auseinandergesetzt? Wie würde ich mit Wut und Frust umgehen, die mir entgegengebracht werden würden? Tatsächlich kam von den meisten Tansanier*innen in meiner Umgebung weder Wut noch Frust, sondern mehr Wohlwollen, als ich es je erwartet hätte. Mir kam es oft so vor, als ob sich hierbei eine warme Gastfreundschaft (sehr angenehm) und ein bestehendes colonial mindset (sehr unangenehm) eigenartig vermischten. Es steht mir aber nicht zu, irgendwelche soziologischen Beurteilungen zu treffen, deshalb beschreibe ich es so, wie ich es wahrnahm: Die meisten Locals gingen mit mir als weißer Europäerin grundsätzlich anders um als miteinander. Ich wurde mehr angesprochen, mehr eingeladen, mehr umsorgt als andere, öfter nach meiner Geschichte, Herkunft und Handynummer gefragt oder einmal bei einem Abiball noch vor den Abiturient*innen ans Buffet geschickt. Allein diese Andersbehandlung aufgrund meiner Herkunft und Hautfarbe sehe ich eindeutig als Fortwirkung der Kolonialzeit. Schließlich waren es die Europäer*innen, die rassistische Denkmuster einst etablierten, um ihre kolonialen Projekte vor sich selbst rechtfertigen zu können.

Aber die Liste postkolonialer Strukturen lässt sich noch weiterführen: Helle Haut und geglättete, gebleichte Haare sind nach wie vor Schönheitstrends, die eindeutig auf das von weißen Menschen etablierte Schönheitsideal zurückzuführen sind und sich immer noch in zahlreichen Musikvideos und auf Werbeplakaten wiederfinden – obwohl mit dem Natural Hair Movement auch eine starke Gegenbewegung entstanden ist. Einzelne Auto-Wäschereien und Grundschulen tragen noch heute *Otto von Bismarck* im Namen, einmal lernte ich sogar einen jungen Mann kennen, der sich mir als Bismarck vorstellte. Ich traf tansanische Schüler*innen, die im Unterricht viel über Nationalsozialismus und eher wenig über die deutsche Eroberung ihres Landes gelernt hatten, und einen charismatischen Geschichtslehrer, der den deutschen Kolonialismus mir gegenüber

Der Bismarck Rock ist noch heute die Sehenswürdigkeit von Mwanza. Man erklärte mir einmal, er trage diesen Namen seit der Kolonialzeit aufgrund seiner Unerschütterlichkeit und Stärke, die er mit dem ehemaligen deutschen Reichskanzler gemeinsam habe. Eine kritische Hinweistafel gibt es nicht.

vehement verteidigte und erklärte, »otherwise Tanzanians would still live in stone age«. Ich erinnere mich an dieses Gespräch als schräg und aufwühlend zugleich, ich hätte es ähnlich mit meinem achtzigjährigen Großvater führen können. Nur, dass ich dieses Mal weitaus zurückhaltender mit meiner Perspektive blieb, wollte ich doch nicht die weiße Besserwisserin sein, die nun tansanischen Lehrbeauftragten die Welt darlegen und damit schon wieder gesellschaftliche Machtstrukturen reproduzieren würde. Später stellte ich fest, dass er nicht der Einzige bleiben sollte, der sich für Deutschland und seine Geschichte mehr begeistern konnte als ich selbst. Es gab nicht selten Situationen, in denen mein Gegenüber mir euphorisch von Deutschland erzählte und dann überrascht reagierte, als ich Missstände wie soziale Ungerechtigkeit, unverantwortliche Klimapolitik oder die Ausbeutung des Globalen Südens ansprach. Es kam mir oft so vor, als ob das Kolonialthema in Tansania irgendwie omnipräsent und versteckt zugleich wäre: Einerseits sind postkoloniale Denk- und Handlungsmuster in Gesellschaft, Politik und Wirtschaft tief verankert – irgendwie erzwungenermaßen, da Europa und Nordamerika ihre globale Vormachtstellung nicht so schnell aufgeben werden. Das zeigt sich an unseren eigenen Supermarktregalen, prall gefüllt mit Lebensmitteln aus ausbeuterischen Produktionsketten, ebenso wie in der großen Politik wie beispielsweise dem Freihandelsabkommen zwischen der EU und einigen afrikanischen Ländern von 2016. Denkt man noch weiter, sind die afrikanischen Staaten selbst, ihre Amtssprachen, Wirtschaftssysteme, Gesellschaftsordnungen, Grenzen und die daraus resultierenden ethnischen Konflikte postkoloniale Ergebnisse. Doch andererseits sind die koloniale Vergangenheit wie auch die antikolonialen Befreiungskämpfe nach meinen Eindrücken eben nicht so sehr bewusst im kollektiven Gedächtnis verankert, wie ich es angesichts

Ein Blick in die Regale tansanischer Supermärkte zeigt, dass die Globalisierung längst in Tansania angekommen ist. Diese europäischen und amerikanischen Produkte sind in einem durchschnittlichen tansanischen Haushalt nicht zu finden, nur die Reichen oder die Touristen können sich so etwas leisten.

In diesem Haus wohnte ich von September 2019 bis März 2020 zusammen mit meiner Mitfreiwilligen, dann beendete die Corona-Pandemie unsere Zeit als weltwärts-Freiwillige. In solchen Gebäuden logierten vor 140 Jahren nur die weißen Menschen – eine von vielen postkolonialen Kontinuitäten. Unter anderem deshalb versuchte ich in meinen letzten Monaten (leider erfolglos), in eine tansanische Gastfamilie zu wechseln.

der Schwere dieser Zeit erwartet hätte – zumindest nicht in den Orten, in denen ich mich in Tansania aufhielt.

Vereinzelt hörte ich sie aber natürlich schon, die kolonialkritischen Stimmen: Junge, selbstbewusste Menschen, die wissen, dass sie Ostern und Weihnachten wegen der Deutschen feiern – denn vorkoloniale tansanische Feste wurden von den Deutschen unterdrückt und verdrängt, sie galten als »unzivilisiert«. Die über die anhaltende Ausbeutung ihres Kontinents und nahende Klimakatastrophen sehr genau informiert sind und damit zusammenhängend den Konsum- und Profitwahnsinn im Globalen Norden scharf kritisieren. Die wissen, dass ihre Kunst- und Kulturgegenstände noch immer in europäischen Museen oder deren Kellern lagern, so vermutlich auch der vermisste Schädel des Chief Mangi Meli, Anführer der Chagga und bedeutender antikolonialer Widerstandskämpfer. Die endlich Verantwortung, Aufklärung und eine konsequente Dekolonialisierung fordern.

Anmerkungen

1 Meyer: Ostafrikanische Gletscherfahrten (1890), S. VIII. Zur Kilimandscharo-Besteigung siehe Brogiato: »Sich selbst ein Monument gesetzt« (2020), S. 52–73.
2 Zur Einordnung des Kolonialismus in die deutsche Erinnerungspolitik vgl. Zeller: Weg vom Vergessen? (Post) Koloniale Erinnerungskultur in Deutschland (2019).
3 Vgl. beispielsweise van der Heyden, Zeller (Hg.): Kolonialmetropole Berlin (2002); van der Heyden (Hg.): Kolonialismus hierzulande (2007), darin zu Leipzig die Beiträge von Lingelbach und Brogiato.
4 Zur Geschichte des deutschen Kolonialismus vgl. Gründer: Geschichte der deutschen Kolonien (2018); Gründer, Hiery (Hg.): Die Deutschen und ihre Kolonien (2017).
5 Zum Sozialdarwinismus vgl. Walkenhorst: Nation – Volk – Rasse (2007), S. 119–128.
6 Zu geopolitischen Raumvorstellungen und der infrastrukturellen Erschließung Afrikas vgl. van Laak: Imperiale Infrastruktur (2004), bes. S. 17–83.
7 Vgl. Jaguttis: Koloniales Unrecht im Völkerrecht der Gegenwart (2005), bes. S. 123–125.
8 Zur Inszenierung und Durchsetzung kolonialer Herrschaft wie auch zu ihren Grenzen vgl. die Studie von Pesek: Koloniale Herrschaft in Deutsch-Ostafrika (2005).
9 Vgl. Jaguttis: Koloniales Unrecht (2005), bes. S. 125–127.
10 Vgl. Schröder: Prügelstrafe und Züchtigungsrecht (1997), S. 43f.
11 Vgl. van der Heyden: Die »Hottentottenwahlen« von 1907 (2016).
12 Schröder: Prügelstrafe und Züchtigungsrecht (1997), S. 99. Zur Kritik am Kolonialismus, auch nach 1918, vgl. van der Heyden: Antikolonialismus und Kolonialismuskritik in Deutschland (2018).
13 Schröder: Prügelstrafe und Züchtigungsrecht (1997), S. 118–120.
14 Vgl. dazu van Laak: Imperiale Infrastruktur (2004), S. 197–207; Bechhaus-Gerst: »Nie liebt eine Mutter ihr Kind mehr, als wenn es krank ist« (2018).
15 Vgl. Hiery: Die Kolonialverwaltung (2017).
16 Vgl. Sebald: Die deutsche Kolonie Togo (2013), S. 49.
17 Küas: Togo. Erinnerungen (1939).
18 Im Erzählband »Das zweite Gesicht und andere Erzählungen aus unseren Kolonien« ist ein knapper Text mit autobiographischen Informationen abgedruckt. Demzufolge stammte Küas aus Schlesien und war weitgereist. Nach der Zeit in Togo verwaltete er den Südbezirk von Kamerun, bis ihn eine Malariaerkrankung zur Rückkehr nach Deutschland zwang.
19 Die erste umfassende Studie stammt von Sebald: Togo unter deutscher Kolonialherrschaft 1884–1914 (1984). Siehe auch Habermas: Skandal in Togo (2016).
20 Vgl. Sebald: Togo unter deutscher Kolonialherrschaft (1984), S. 104.
21 Erstmals in einer Petition 1891, vgl. Sebald: Malam Musa (1972), S. 218. Im Jahr 1898 forderte Krause in einer weiteren Petition, ein Strafverfahren u. a. gegen Richard Küas einzuleiten, weil auch dieser den »Sklavenhandel in Togo geduldet, begünstigt und gefördert« habe (ebd., S. 263).
22 Zur ersten Einordnung siehe Oloukpona-Yinnon: Unter deutschen Palmen (1998), S. 142–198.
23 Siehe Michels: Der Askari (2013).
24 Zu diesem Themenkomplex vgl. Zollmann: Militär, Kriege und Gewalt (2017).
25 Vgl. Zimmerer: Krieg, KZ, Völkermord in Südwestafrika (2016).
26 Vgl. https://www.bundestag.de/dokumente/textarchiv/2016/kw11-de-voelkermord-afrika-413646 [05.06.2021].
27 Vgl. Zimmerer: Der erste Völkermord des 20. Jahrhunderts (2016); Kößler, Melber: Völkermord – Anerkennung ohne Entschuldigung und Entschädigung? (2018).
28 Vgl. Wimmelbücker: Verbrannte Erde (2005).
29 An der Strafexpedition waren insgesamt über 6000 Mann beteiligt: britische, französische, deutsche und italienische Einheiten sowie eine australische Kompanie; vgl. Hevia: Krieg als Expedition (2007), S. 124.
30 Vgl. Morlang: Rebellion in der Südsee (2010).
31 Vgl. Der Kolonialdeutsche Nr. 1, Januar 1921, S. 10.
32 Stadtarchiv Leipzig, Kap 26 A Nr. 104, Bl. 1. Am 4. März 1910 bekundete Paul Lippold, der Vorsitzende des Vereins *China- und Afrikakrieger für Leipzig und Umgebung*, gegenüber dem Rat der Stadt die Absicht der Denkmalerrichtung und bat um einen Platz zur Aufstellung (ebd.).
33 Ebd., Bl. 3f.
34 Leipzig. Eine Monatsschrift, Oktober 1925, S. 336.
35 Stadtarchiv Leipzig, Kap 26 A Nr. 104, Bl. 11r.
36 Ebd.
37 Leipzig. Eine Monatsschrift, Oktober 1925, S. 336.
38 Ähnliche Absichten gab es bereits früher in Berlin; die Pläne scheiterten letztlich an der Finanzierung. Vgl. Zeller: Kolonialdenkmäler in Berlin (2002), bes. S. 171f. Umfänglich zu den Kolonialdenkmälern siehe Zeller: Kolonialdenkmäler und Geschichtsbewußtsein (2000).
39 Vgl. Stadtarchiv Leipzig, Kap 26 A Nr. 104, Bl. 22r.
40 Vgl. Michels: Der Askari (2013), S. 295f.; Speitkamp: Kolonialdenkmäler (2013), S. 415f.
41 Stadtarchiv Leipzig, Kap 26 A Nr. 104, Bl. 27–29. In diesem undatierten Aktenstück heißt es, Eisenach und Potsdam hätten sich ebenfalls zum geeigneten Standort für ein Reichsehrenmal erklärt.
42 Siehe dazu Gründer: Kolonialismus ohne Kolonien (2017), bes. S. 170–174.
43 Vgl. Speitkamp: Kolonialdenkmäler (2013).
44 Vgl. Zeller: Kolonialdenkmäler und Geschichtsbewußtsein (2000), S. 79–81.
45 Vgl. Kolonial-Post. Amtliches Organ des Deutschen Kolonialkriegerbundes, Nr. 6, 23. Juni 1933, S. 70; Zeller: Kolonialdenkmäler und Geschichtsbewußtsein (2000), S. 309.
46 Stadtarchiv Leipzig, StVuR 8575, Bl. 27; StVuR 8580, Bl. 2. Zum Umgang mit solchen Manifestationen kolonialer Herrschaft siehe Zeller: (Post-)Koloniale Gedächtnistopografien in Deutschland (2018).
47 Zu den ökonomischen Aspekten vgl. Denzel: Die wirtschaftliche Bilanz (2017).
48 Vgl. Gründer: Geschichte der deutschen Kolonien (2018), S. 43f.
49 Vgl. ebd., S. 44–47.
50 Die Umwandlung des *Vereins für Handelsgeographie und Kolonialpolitik* in eine Abteilung der *Deutschen Kolonialgesellschaft* veranlasste 1896 der als »rühriger Kolonialfreund weitbekannte« Jurist Oskar Hamm (1839–1920), der aus Köln nach Leipzig als Oberreichsanwalt berufen worden war (Der Kolonialdeutsche Nr. 2/1929, S. 23).
51 Henrici: Kolonialwirtschaftliche Aufgaben (1908), S. 43.
52 Vgl. Fritsch: Die Leipziger Baumwoll- und Sisalplantagen (2007).
53 Vgl. Führer durch die Ausstellung Afrika – Ostafrika (1928), S. 14.
54 Vgl. Deutsches Museum von Meisterwerken (1928), S. 30.
55 Vgl. Spitzner, Schäfer: Die Karakulzucht in Südwestafrika (1962), S. 6. Nachdem die Thorer-Firmen in Leipzig enteignet worden waren, entstand in Frankfurt am Main ein

neues Handelshaus unter der Firmierung Thorer & Hollender und in Offenbach ein Pelzveredlungswerk. In Afrika baute Thorer seine Unternehmungen aus. Die Firmengeschichte blendet den kolonialen Kontext vollständig aus.

56 Vgl.: 5 mal 10 Jahre (1971).

57 Einen guten Einstieg in die Recherche bieten die digitalen Sammlungen zur Kolonialliteratur der Staats- und Universitätsbibliothek Bremen sowie der Universitätsbibliothek Frankfurt am Main.

58 Woerl: Samoa (1901), S. 47.

59 Das Buch erschien zuerst 1910 unter dem Titel »Okowi – ein Hererospion?« bei Weicher in Berlin.

60 1919 wurden die Buchhandlung und das Antiquariat Max Hörhold gegründet, 1922 Buchhandlung, Verlag und Antiquariat Friedrich M. Hörhold (1950 nach Hildesheim übersiedelt), deren Beziehung zueinander unklar ist. Möglicherweise ist der Inhaber identisch; das legt jedenfalls ein kleiner Artikel im Börsenblatt für den Deutschen Buchhandel (Frankfurter Ausgabe, Nr. 31, 19. April 1955, S. 260) zum 60. Geburtstag von Max Hörhold nahe. Ich danke Carola Staniek vom Deutschen Buch- und Schriftmuseum in Leipzig herzlich für die Recherche.

61 In Nr. 1 lautete der Untertitel: Unterhaltungshefte über Reisen und Jagden, Forschungen und Abenteuer aus Kolonien und Übersee; 1930: Abenteuer, Unterhaltung und Wissen aus Kolonien und Übersee.

62 Im August 1930 meldete die »Jambo«-Beilage »Deutsche Kolonialjugend« (S. 31f.), dass sich im April 1929 am Leipziger Königin-Carola-Gymnasium eine zwanglose Gemeinschaft von »Jambo«-Lesern gebildet habe, der mittlerweile 140 Schüler angehörten.

63 Zu diesem Schauspiel siehe Heyn: Koloniale Jugendarbeit in der Weimarer Republik (2008).

64 Vgl. Badenberg: Spiel um Kamerun (2004).

65 Diese Zeitschrift ist laut Zeitschriften-Datenbank nur lückenhaft in den Beständen weniger Bibliotheken überliefert; vgl. die Übersicht unter https://zdb-katalog.de/title.xhtml?idn=012986380 [29.05.2021].

66 Vgl. Fischer: Die Sondergruppe für Kolonialbedarf (1926), S. 70.

67 Vgl. Öffentliche Höhere Handelslehranstalt mit Wirtschaftsoberschule (1931), S. 71f.

68 Vgl. Bericht über die Öffentliche Handelslehranstalt zu Leipzig für das 69. Schuljahr 1899–1900 (1900), S. 36.

69 Henrici: Kolonialwirtschaftliche Aufgaben (1908), S. 7.

70 Ebd., S. 35.

71 Es seien Zustände zu vermeiden, die sich bei »überstürzt ›zivilisierten‹ Negern«, das heißt mit einem »Bewurf von ABC und Christentum« versehenen Afrikanern leicht entwickeln könnten (ebd., S. 7).

72 Henrici: Kolonialwirtschaftliche Aufgaben (1908), S. 36.

73 Bericht über die Öffentliche Handelslehranstalt zu Leipzig für das 78. Schuljahr. Leipzig 1909, S. 3.

74 Vgl. Öffentliche Höhere Handelslehranstalt 1831–1931 (1931), S. 85.

75 Raydt: Zur Begründung einer Handels-Hochschule in Leipzig (1897), S. 12.

76 Unter den wissenschaftlichen Vorlesungen werden Kolonialwesen und Kolonialpolitik aufgeführt; vgl. Satzungen der Handelshochschule zu Leipzig (1916), S. 13. Im angehängten Studienplan stehen unter den Studiengegenständen Kolonialpolitik, Anthropogeographie, Politische und Wirtschaftsgeographie.

77 Viele Jahre lang hielt der Universitätsprofessor Joseph Partsch die geographischen Vorlesungen für die Studenten der Handelshochschule. Einen Eindruck von dem damals unterrichteten Stoff vermittelt sein postum erschienenes, unvollendetes Werk »Geographie des Welthandels« (1927), das wegen der permanenten Aktualisierung allerdings nicht den Stand während der Kolonialzeit repräsentiert.

78 Die Vorlesung »Grundzüge der politischen Ethnographie« hielt Friedrich Ratzel im Wintersemester 1898/99; Karl Weule las im Sommersemester 1901 über »Die deutschen Kolonien in Afrika, geographisch, ethnographisch und wirtschaftlich (mit Demonstrationen und Rundgängen im Museum für Völkerkunde)«.

79 Zum Lehrprogramm und dessen Entwicklung vgl. Göschel: Von der Handelstechnik zur Betriebswirtschaftslehre (2008).

80 Vgl. Ruppenthal: Das Hamburgische Kolonialinstitut (2013).

81 Vgl. Gründer: Mission und Kolonialismus (2004).

82 Zur Geschichte vgl. Moritzen: Werkzeug Gottes in der Welt (1985).

83 Vgl. Gäbler: Ein Missionarsleben (2018), S. 32–38.

84 Siehe https://histvv.uni-leipzig.de/dozenten/paul_c.html [12.07.2021].

85 Der sogenannte Missionsbefehl bezieht sich auf Mt 28, 19–20, wo Jesus zu den Jüngern sagt: »Darum geht zu allen Völkern und macht alle Menschen zu meinen Jüngern; tauft sie auf den Namen des Vaters und des Sohnes und des Heiligen Geistes, und lehrt sie, alles zu befolgen, was ich euch geboten habe.«

86 Einen Eindruck vermittelt der Kassenbericht, der für Leipzig beispielsweise im Jahr 1913 Einzelspenden zwischen 3 und 100 Mark und vom Frauen-Missions-Verein insgesamt 2280,80 Mark ausweist; vgl. Neunzehnter Jahresbericht für die Frauen-Hilfsvereine (1914), S. 24.

87 Ihmels: Rückblicke auf zwei Menschenalter Leipziger Mission (1986), S. 1.

88 Vgl. Hamilton: Mission im kolonialen Umfeld (2010).

89 In Deutsch-Ostafrika waren vor dem Beginn des Ersten Weltkriegs vierzehn Missionsgesellschaften aktiv, elf evangelische und drei katholische; vgl. Sippel: Mission und Gewalt in Deutsch-Ostafrika (2000), S. 528.

90 Vgl. Salooja: »Dienet dem Reich Gottes, nicht dem deutschen Reich!« (2017).

91 Schwartz: Mission und Kolonisation in ihrem gegenseitigen Verhältnis (1908), S. 5.

92 Ebd., S. 6.

93 Poeschel: Bwana Hakimu [1922], S. 90.

94 Weishaupt: Ostafrikanische Wandertage (1913), S. 10.

95 Zwischen Carl Ittameier und der *Leipziger Mission* gab es Spannungen; 1914 wurde der Vertrag nicht verlängert. Ittameier machte später in der NSDAP Karriere und beteiligte sich aktiv an antisemitischen Ausschreitungen; vgl. Greif: Carl Ittameier (2020).

96 Vgl. Weishaupt: Krankendienst in Afrika [1936].

97 Vgl. Weishaupt: Unsere afrikanische Schularbeit [1936]. Zu den Ambivalenzen und Problemen siehe Lehmann: Leipziger Missionare und kolonialer Alltag (2003).

98 Gründer: Mission und Kolonialismus (2004), S. 17.

99 Vgl.: Deutsche Missionsarbeit im Film (1928).

100 Zu Gutmanns Wirken vgl. Fiedler: Christentum und afrikanische Kultur (1983).

101 Prüfer: Der heilige Bruno (2015).

102 Reimers Garten, zuvor der Großbosische Garten, lag südöstlich vor der Stadt; vgl. Horsch, Tübbecke (Hg.): Bürger, Gärten, Promenaden (2018), S. 252.

103 Polko: Erinnerungen an einen Verschollenen (1863), S. 5f.

104 »Eine Mahnung an die Deutschen.« In: Die Gartenlaube Nr. 4/1860, S. 49.

105 »Die deutsche Expedition nach Mittelafrika und ihre Gegner«. In: Die Gartenlaube Nr. 5/1862, S. 72f. Eine populäre Darstellung der Forschungsreisen von Vogel und Beurmann verfasste Martin Müller: In Afrika verschollen (1952). Siehe auch Adelberger: Eduard Vogel and Eduard Robert Flegel (2000).

106 Barth: Reisen und Entdeckungen. Bd. 5 (1858), S. 391.

107 Zum ethnographischen Wirken von Missionaren der Leipziger Mission vgl. Jones: Ethnographie als »Nebenprodukt« (2009).

108 Im instruktiven Sammelband »Auf der Suche nach Vielfalt. Ethnographie und Geographie in Leipzig« (2009) kann man sich umfänglich zu diesem Themenkomplex belesen.

109 Vgl. Gräbel: Die Erforschung der Kolonien (2015), bes. S. 31–34, 79–85.

110 Zur Etablierung als akademisches Fach vgl. Schmidt: Geographie (2009), bes. S. 1309–1319. Der Kolonialismus als »Geburtshelfer« der akademischen Geographie wird in diesem Beitrag nur am Rande thematisiert.

111 Gräbel: Die Erforschung der Kolonien (2015), S. 82.
112 Vgl. Osterhammel: Forschungsreise und Kolonialprogramm (1987).
113 Vgl. Schulz: Friedrich Ratzel (2009).
114 Vgl. van Laak: Imperiale Infrastruktur (2004), S. 72.
115 Vgl. https://histvv.uni-leipzig.de/dozenten/ratzel_f.html [06.06.2021].
116 Ratzel: Vorrede zu Hassert (1899), o. S.
117 Hassert: Deutschlands Kolonien (1899). Eine zweite, erweiterte Auflage erschien 1910 bei B. G. Teubner in Leipzig und Berlin.
118 Die Lehrveranstaltungen siehe unter https://histvv.uni-leipzig.de/dozenten/hassert_k.html [13.07.2021]; zur Person vgl. https://saebi.isgv.de/biografie/Kurt_Hassert_(1868-1947) [06.06.2021].
119 Hassert: Deutschlands Kolonien (1899), S. 3.
120 Vgl. Schmidt: Geographie (2009), S. 1316f.
121 Zur Geschichte der Leipziger Geographie mit dem Fokus auf Afrika vgl. Brahm: Wissenschaft und Dekolonisation (2010), S. 70–79.
122 Vgl. Geisenhainer: Ethnologie (2009), bes. S. 367–377.
123 Vgl. Blesse: Karl Weule und seine Bedeutung für die Völkerkunde in Leipzig (2009).
124 Streck: Kurze Geschichte des Instituts für Ethnologie der Universität Leipzig (2016).
125 Vgl. Geisenhainer: »Rasse ist Schicksal« (2002), S. 142–147.
126 Weule: Leitfaden der Völkerkunde (1912), S. 1.
127 Zu Otto Reche siehe Geisenhainer: »Rasse ist Schicksal« (2002).
128 Vgl. Geisenhainer, Preuß, Hoßfeld: Physische Anthropologie in Leipzig (2009).
129 Siehe http://www.universitaetssammlungen.de/sammlung/159.
130 Vgl. zum Folgenden Brahm, Jones: Afrikanistik (2009); Brauner: Afrikanistik in Leipzig (1999); Geider: Afrikanische Sprachen (2009).
131 Vgl. dazu Franke, Mutscher, Pfeiffer: Das Institut für tropische Landwirtschaft (2009), S. 10f.
132 Seyfarth: Eine medizinisch-ethnographische Studienreise (1913).
133 Ebd., S. 20f.
134 Zur Biographie siehe Fritzsche: Leben und Wirken von Prof. Paul Carly Seyfarth (2003). Die Autorin orientiert sich weitgehend unkritisch an der Literatur und ihren Gesprächspartnern.
135 Das ist durch familiär überlieferte Dokumente belegt; vgl. ebd., S. 50f.
136 Vgl. Cottin u. a. (Hg.): Leipziger Denkmale (1998), S. 72f.
137 Hamburgische Universität. Abhandlungen aus dem Gebiet der Auslandskunde (1923), S. V. Kriegsbedingt war die Einreichungsfrist bis 1920 verlängert worden.
138 Ittameier: Die Erhaltung (1923), S. 62.
139 Drost: Museum für Völkerkunde zu Leipzig (1971), S. 17.
140 Etwa parallel zur Leipziger Gründung wurden in Berlin die Weichen für die Verselbständigung der ethnologischen Sammlung gestellt, die aus der kurfürstlichen Kunstkammer hervorgegangen war.
141 Weule: 50 Jahre Völkerkundemuseum! (1922), S. 6.
142 Ebd., S. 12. Weule engagierte sich für den Ausbau des schulischen Völkerkundeunterrichts.
143 Vgl. Scheps: Das Museum Godeffroy (2009).
144 Vgl. Zeitler: Herr von Monconys in Leipzig (1907), S. 87.
145 Siehe die Abteilung »Kunstsachen. Artefacta« in Linck: Index Musaei Linckiani. Teil 3 (1787), S. 91–118.
146 Leonhardi: Leipzig um 1800 (1799, Ndr. 2010), S. 318.
147 Vgl. Seige: Erwerbspolitik und Sammelstrategien (2009).
148 Weule: 50 Jahre Völkerkundemuseum! (1922), S. 8.
149 Zur Geschichte vgl. Hönsch: Die Entwicklung des Instituts 1896–1989 (1996).
150 Veröffentlichungen des Städtischen Museums für Länderkunde zu Leipzig. Heft 12 (1914), S. 8. Das Gemälde ist seit 1945 verschollen. Im Museum der bildenden Künste befand sich ebenfalls ein Kilimandscharo-Gemälde von Lutteroth; eine Schwarzweißabbildungen findet man unter http://www.lostart.de/DE/Verlust/009434 [05.06.2021].
151 Meyer: Eine Weltreise (1885).
152 Meyer: Zum Schneedom des Kilimandscharo (1888), S. 8.
153 Vgl. die kulturgeschichtliche Darstellung von Hamann, Honold: Kilimandscharo (2011).
154 Zu Meyers Forschungsreisen im Kontext seiner Zeit vgl. van der Heyden: Deutsche Entdeckungsreisende in Afrika und der Kolonialismus (2008).
155 Führer durch die Ausstellung Afrika – Ostafrika (1928), S. 1.
156 Vgl. Gräbel: Die Erforschung der Kolonien (2015), S. 64–75.
157 Bereits 1911 hatte Meyer in Berlin eine Professur für Kolonialgeographie gestiftet; zur kolonialgeographischen Forschung und Lehre an deutschen Universitäten vgl. Gräbel: Die Erforschung der Kolonien (2015), S. 79–85.
158 Vgl. Brogiato (Hg.): Meyers Universum (2008), S. 237–240.
159 Vgl. die Dokumente ebd., S. 143–167.
160 Markov: Wie viele Leben lebt der Mensch (2009), S. 98.
161 Das König-Albert-Gymnasium befand sich in der Pfaffendorfer Straße gegenüber dem Zoo und wurde im Krieg zerstört. Heute steht dort das Parkhaus des Zoos; eine Tafel im Innern erinnert an die Schule.
162 Ringelnatz: Mein Leben bis zum Kriege (1994, zuerst 1931), S. 25.
163 Zur globalen Geschichte siehe Blanchard u. a. (Hg.): MenschenZoos (2012).
164 Zu Pinkerts Biographie vgl. Haikal, Junhold: Ernst Pinkert (2015).
165 Zur Hagenbeckschen Geschichte vgl. Thode-Arora: Für fünfzig Pfennig (1989); Dittrich, Rieke-Müller: Carl Hagenbeck (1998).
166 Zur Lage der »Völkerwiese« siehe den Plan in Haikal, Junhold: Auf der Spur des Löwen (2003), S. 58 und S. 80.
167 Vgl. Baleshzar: Völkerschauen (2009), bes. die Übersicht S. 445–447.
168 Vgl. Gebbing: Ein Leben für Tiere (1957), S. 43–45. Zu Gebbing, auch zu seiner Haltung gegenüber dem Kolonialismus, vgl. Haikal: Die Löwenfabrik (2006), S. 113–146.
169 Vgl. Sippel: Rassismus, Protektionismus oder Humanität? (1995).
170 Thode-Arora: Für fünfzig Pfennig (1989), S. 63–66.
171 Zur zeitgenössischen Rezeption der Leipziger Völkerschauen siehe Baleshzar: Völkerschauen (2009) sowie die Zusammenstellung von Zeitungsartikeln bei Haikal, Junhold: Auf der Spur des Löwen (2003), S. 64–67.
172 Zu den Programmen vgl. Thode-Arora: Für fünfzig Pfennig (1989), S. 105–114. Acht bis zehn Vorführungen am Tag waren normal – ein beachtliches Pensum, wobei man aber bedenken muss, dass die Wochenarbeitszeit um 1900 im Allgemeinen bei sechzig Stunden lag.
173 Cronau: Erläuterungen und Programm [1888].
174 Haikal, Junhold: Auf der Spur der Löwen (2003), S. 66.
175 Vgl. Badenberg: Die Bildkarriere eines kulturellen Stereotyps (2004).
176 Lehmann: Schaustellungen im Leipziger Zoo (1953).
177 Vgl. Baleshzar: Völkerschauen (2009), S. 434f.
178 Lehmann: Schaustellungen im Leipziger Zoo (1953), S. 77.
179 Ringelnatz: Mein Leben (1994), S. 25.
180 Zu den Kontakten und der – vor allem auch erotischen – Faszination, die von den Truppenmitgliedern ausging, vgl. Thode-Arora: Für fünfzig Pfennig (1989), S. 114–119.
181 Lehmann: Schaustellungen im Leipziger Zoo (1953), S. 73.
182 Für Leipzig sind zwei Todesfälle nachgewiesen: ein Kind 1899 und ein Mann, der 1906 an einer Lungenentzündung starb; vgl. Haikal: Die Debatte über Kolonialgeschichte (2020), S. 19.
183 Vgl. dazu Thode-Arora: Für fünfzig Pfennig (1989), S. 150–162; Wolter: Die Vermarktung (2005), S. 147–154; Blanchard u. a.: Einleitung zu: MenschenZoos (2012), bes. S. 27f.; Thode-Arora: Hagenbecks Europatourneen (2012).
184 Riemer: Leipziger Annales, Bl. 103.
185 Müller: Meines Lebens Vorfälle. Bd. 1 (2007), S. 48.
186 Vgl. [Zedler] Grosses vollständiges Universal-Lexicon. Bd. 21 (1739), Sp. 864–866.
187 Vgl. Döring: Grundzüge der städtischen Entwicklung in der Frühen Neuzeit (2016), S. 69.
188 Vogel: Leipzigisches Geschicht-Buch (1714), S. 646.
189 Stadtarchiv Leipzig, Ratsleichenbuch Nr. 14, Bl. 110r.

190 Vgl. Wolter: Die Vermarktung (2005), S. 120.
191 Stadtarchiv Leipzig, Ratsleichenbuch Nr. 34, unpag., 10. Mai 1806.
192 Vgl. Klunkert: Schaustellungen und Volksbelustigungen (2010), S. 253. Das Leipziger Tageblatt berichtete mehrfach über diese kleine »Lappländer«-Schau, zu der anfangs auch Rentiere gehört hatten, und vermeldete am 24. Oktober 1812 (S. 1191) den Verkauf des Präparats. In der naturhistorischen Sammlung Blumenbachs, die im Rahmen eines Göttinger Akademieprojekts erschlossen wird (siehe https://blumenbach-online.de), ist kein anatomisches Präparat eines »Lappländer«-Kindes und in der überlieferten Korrespondenz auch kein Hinweis auf den Verkauf zu finden. Vermutlich erwarb Blumenbach das Präparat für das Academische Museum der Universität und nicht für seine private Sammlung. Zur Museumssammlung existiert kein Katalog; die meisten der in Spiritus aufbewahrten Präparate wurden im Zweiten Weltkrieg zerstört. Blumenbach war im Oktober 1812 allerdings nicht verstorben, wie es im Leipziger Tageblatt heißt; möglicherweise verwechselte der Artikelverfasser ihn mit Christian Gottlob Heyne (1729–1812), dem langjährigen Leiter der Göttinger Universitätsbibliothek, der auch die Oberaufsicht über das Academische Museum führte. Ich danke Dr. Nadine Schäfer (Göttingen) herzlich für die Auskunft.
193 Leipziger Tageblatt, 18. Oktober 1812, S. 1165f., 19. Oktober 1812, S. 1169f.
194 Leipziger Tageblatt, 18. Oktober 1812, S. 1166.
195 Kaffern ist eine Bezeichnung für Angehörige der südafrikanischen Bantuvölker; sie bekam im Laufe der Zeit eine pejorative Konnotation.
196 Botokuden nannte man Indianer in Südostbrasilien; die heutige Bezeichnung ist Krenak oder Borun.
197 Vgl. dazu mit zahlreichen weiteren Beispielen Klunkert: Schaustellungen und Volksbelustigungen (2010), S. 251–265. Kein Objekt der Schaustellung, sondern ein »Züchtling« aus dem Georgenhaus war der 29jährige »Ludwig Philipert Casimir«, ein »Mohr aus Congo in Africa«, den das Ratsleichenbuch für den 21. März 1806 verzeichnete. Leider fehlen Hinweise auf die Umstände, die den jungen Mann nach Leipzig beförderten.
198 Vgl. Löffler: Leipziger »Zigeunerleben« (2014). Ein Beleg für die Exotik der »Zigeuner« ist, dass sie noch 1878 im Ottenser Park in Hamburg zur Schau gestellt wurden; vgl. Thode-Arora: Für fünfzig Pfennig (1989), S. 176.
199 Vgl. Baier: Der Leipziger Krystallpalast (2019), S. 58.
200 Siehe die zeitgenössische Beschreibung in: Deutsche Kolonialzeitung Nr. 21, 22. Mai 1897, S. 203f.; Nr. 23, 5. Juni 1897, S. 222f.; Nr. 24, 12. Juni 1897, S. 234.
201 Vgl. Hochmuth: Industrie- und Gewerbeausstellungen (2012), S. 72.
202 Ein Jahr vor der großen Leipziger Exposition, 1896, hatte es auf der Deutschen Colonial-Ausstellung in Berlin mehrere solcher Dörfer gegeben; vgl. Richter: Die erste deutsche Kolonialausstellung 1896 (1995), bes. S. 28f. Vgl. auch Blanchard u. a.: Einleitung zu: MenschenZoos (2012), bes. S. 49–55.
203 Vgl. Deutsche Kolonialzeitung Nr. 24, 12. Juni 1897, S. 234.
204 Vgl. Internationale Ausstellung für Buchgewerbe und Graphik Leipzig (1914), S. 49f.
205 Vgl. Schramm: Die Ausstellung der deutschen Kolonien (1915).
206 Vgl. Blesse: Altamira-Decke und Palau-Haus (2014).
207 Ebd., S. 515.
208 Vgl. Weltausstellung für Buchgewerbe und Graphik. Leipzig 1914, Bildteil o. S.; siehe auch Nganang: Erzählungen des Kolonialismus (2016), S. 86.
209 Vgl. grundlegend Wolter: Die Vermarktung (2005).
210 Vgl. Gudermann: Der Sarotti-Mohr (2004). Der Mohr in orientalischer Kleidung trat 1918 an die Öffentlichkeit, denn am 27. August jenes Jahres meldete die Sarotti AG »Drei Mohren mit Tablett« als Bildzeichen an. Am 2. November 1922 wurde dann der einzelne Mohr als Markenzeichen eingetragen (ebd., S. 57–59).
211 Siehe die Bildexegese einer erotischen Tee-Werbung der Firma Riquet bei Wolter: Die Vermarktung (2005), S. 74f.
212 Die Werbefigur hatte Ludwig Hohlwein gestaltet; vgl. Gudermann: Der Sarotti-Mohr (2004), S. 85.
213 Vgl. Brändle: Wildfremd, hautnah (2013), S. 125–133.
214 Ein Mitschnitt der Rede ist zu hören unter https://www.l-iz.de/Topposts/2018/10/Video-Mitschrift-Die-Nikolaikirch-Rede-von-Herta-Daeubler-Gmelin-»Zur-Demokratie«-2018-beim-Leipziger-Lichtfest-237787 [05.06.2021].
215 Vgl. dazu auch van der Haagen-Wulff: Postkoloniale Themen (2018).
216 Beide deutsche Staaten agierten im Rahmen ihrer jeweiligen Blockzugehörigkeit und ordneten die wirtschaftlichen Beziehungen dem Primat der Politik unter; vgl. Kleinschmidt, Ziegler: Deutsche Wirtschaftsinteressen zwischen Entwicklungshilfe und Dekolonisierung (2018). Die Beiträge des Bandes befassen sich ausschließlich mit der Bundesrepublik Deutschland.
217 Als Koproduktion von Tunesien und der DDR kam 1966 der Film »Hamida« in die Kinos, der im Jahr 1950 spielt und die französische Kolonialherrschaft thematisiert; vgl. https://www.defa-stiftung.de/filme/filmsuche/hamida/ [05.062021]. Die DEFA-Indianerfilme haben den Kolonialismus zumindest zum Hintergrund.
218 Vgl. Michels: Geschichtspolitik im Fernsehen (2008).
219 Eine 2. Auflage erschien 1964, eine gekürzte Fassung 1970, eine Übersetzung ins Tschechische 1965 unter dem Titel »Oorlog«.
220 Vgl. Brahm, Jones: Afrikanistik (2009), S. 305f.
221 Geisenhainer: Ethnologie (2009), S. 387.
222 Vgl. dazu van der Heyden: Die Afrikawissenschaften in der DDR (1999), S. 160–203; Brahm: Wissenschaft und Dekolonisation (2019), S. 111–120.
223 Brahm, Jones: Afrikanistik, S. 306; von Hehl, Huttner: Geschichte (2009), S. 187.
224 Brahm: Wissenschaft und Dekolonisation (2010), S. 205–218.
225 1966 erfolgte die Umbildung in die Sektion Asien-, Afrika- und Lateinamerikawissenschaften, 1969 die Umbenennung in Sektion Afrika- und Nahostwissenschaften.
226 Brahm, Jones: Afrikanistik (2009), S. 309.
227 Ebd., S. 313.
228 Vgl. Ebersbach: Herder-Institut (2009).
229 Zu den Anfängen vgl. Hexelschneider: Ein Anfang vor dem Anfang (2002).
230 Vgl. Franke, Mutscher, Pfeiffer: Das Institut (2009), S. 133.
231 Tschinag: Kennst du das Land (2018), S. 11.
232 Die Zahlen beruhen auf Schätzungen: Für 1977 werden insgesamt 50000 und für 1989 rund 90000 Vertragsarbeiter und -arbeiterinnen angenommen. Die meisten von ihnen stammten aus Vietnam; für 1989 schätzt man die Zahl auf 60000 Personen, vgl. Gehre: Postmoderne Existenzen (2013), S. 49f. Für Mosambik belaufen sich die Angaben auf rund 15000 Arbeitskräfte zum Ende des Jahres 1989 (ebd.); insgesamt waren es rund 21600 Personen; vgl. Döring: Einleitung (2020), S. 11.
233 Zur rückblickenden Einschätzung der Kontakte zu den ausländischen Kollegen vgl. Schüle: »Die Spinne« (2001), S. 282–294.
234 Zu den mosambikanischen Vertragsarbeitern vgl. die mit DDR-apologetischer Tendenz geschriebene Darstellung von van der Heyden: Das gescheiterte Experiment (2019); außerdem Neumann-Becker, Döring (Hg.): Für Respekt und Anerkennung (2020).
235 Siehe unter www.bruderland.de. Das Projekt wurde getragen vom Zentrum für Antisemitismusforschung TU Berlin und *out of focus medienprojekte*.
236 Zur aktuellen Debatte vgl. Bodenstein, Howald: Weltkunst unter Verdacht. Raubkunst, ihre Geschichte und Erinnerungskultur in deutschen Sammlungen (2018); Holfelder: Unser Raubgut (2019).
237 Kunst aus Benin – Sammlung Meyer (2002), S. 5.
238 Vgl. https://www.bundesregierung.de/breg-de/bundesregierung/staatsministerin-fuer-kultur-und-medien/aktuelles/benin-bronzen-1899336 [05.05.2021].
239 Jones: Afrika in Leipzig (1995).

240 Afrikabestände im Archiv des Evangelisch-Lutherischen Missionswerkes Leipzig (1998–2000).
241 Vgl. Brogiato: Die wissenschaftlichen Sammlungen des Leibniz-Instituts für Länderkunde (2009). Siehe auch unter https://archivfuehrer-kolonialzeit.de/leipzig-deutschland-historisch-deutsches-reich [16.06.2021].
242 Eine voluminöse, reich bebilderte Biographie hat Konrad Schuberth (Ernst Vollbehr, 2017) vorgelegt, der es jedoch streckenweise an kritischer Distanz zu Vollbehr fehlt.
243 Siehe http://www.leipzig-postkolonial.de.
244 Der Soziologe Albert Memmi, als Sohn jüdischer Eltern in Tunesien unter französischer Kolonialherrschaft aufgewachsen, unterschied in seiner einflussreichen Bestimmung des Begriffs von Rassismus (im engeren Sinne) zwischen der Hervorhebung von tatsächlichen oder vermeintlichen biologischen Unterschieden, deren verabsolutierender Wertung und schließlich dem Gebrauch dieser Wertung. Man werde erst zum Rassisten, wenn man den dritten Schritt tue: die »Verwendung des Unterschieds gegen den anderen, mit dem Ziel, aus dieser Stigmatisierung einen Vorteil zu ziehen« (Memmi: Rassismus, S. 46).
245 Das ist das Ergebnis der Studie, die der Leipziger Zoo beim Historiker Mustafa Haikal in Auftrag gegeben hat; vgl. Haikal: Die Debatte über Kolonialgeschichte (2020), S. 18f.
246 Vgl. https://histvv.uni-leipzig.de/dozenten/hasse_e.html [13.07.2021].
247 Zu Ernst Hasses Wirken vgl. Walkenhorst: Nation – Volk – Rasse (2007), S. 73f., 82–86 u. ö.
248 Hasse: Deutsche Politik. Bd. 1: Heimatpolitik. Heft 4 (1907), S. 59.
249 Ebd., S. 60f.

Quellen- und Literaturverzeichnis

Stadtarchiv Leipzig

Kap 26 A Nr. 104 (Akten, das Kolonialkrieger-Denkmal betreffend)
Ratsleichenbuch Nr. 14 (1648–1663)
Ratsleichenbuch Nr. 34 (1804–1808)
Riemer, Johann Salomon: Annales. Andere Fortsetzung des Leipzigischen Jahrbuchs (ohne Signatur)
StVuR 8575 (Denkmalpflege 1945–1947)
StVuR 8580 (Entfernung militaristischer und nazistischer Denkmäler)

Datenbanken, Internetquellen

Archivführer Deutsche Kolonialgeschichte: https://archivfuehrer-kolonialzeit.de
Digitale Sammlung Deutscher Kolonialismus (Staats- und Universitätsbibliothek Bremen): https://brema.suub.uni-bremen.de/dsdk
Digitale Sammlung Deutscher Kolonialismus (Universitätsbibliothek Frankfurt am Main): https://www.ub.uni-frankfurt.de/projekte/kolonialismus.html
Eigensinn im Bruderland (Webdokumentation): www.bruderland.de
Historische Vorlesungsverzeichnisse der Universität Leipzig: https://histvv.uni-leipzig.de
Kolonialismus und afrikanische Diaspora auf Bildpostkarten (Universitätsbibliothek Köln): http://www.ub.uni-koeln.de/cdm/search/collection/kolonial
Leipzig Postkolonial. Arbeitsgruppe von Engagierte Wissenschaft e. V.: http://www.leipzig-postkolonial.de
Professorenkatalog der Universität Leipzig: https://research.uni-leipzig.de/catalogus-professorum-lipsiensium
Sächsische Biographie (Institut für Sächsische Geschichte und Volkskunde e. V.): https://saebi.isgv.de
Zeitschriften-Datenbank (Deutsche Nationalbibliothek / Staatsbibliothek zu Berlin, Stiftung Preußischer Kulturbesitz): https://zdb-katalog.de

Gedruckte Quellen und Literatur

5 mal 10 Jahre. Sachbuch im Wandel. Safari-Verlag 1921–1971. Berlin [Safari] 1971.
Adelberger, Jörg: Eduard Vogel and Eduard Robert Flegel. The experiences of two nineteenth-century German explorers in Africa. In: History in Africa 27 (2000), S. 1–29.
Afrikabestände im Archiv des Evangelisch-Lutherischen Missionswerkes Leipzig e. V. Leipzig: Universität Leipzig. Institut für Afrikanistik 1998–2000.
Badenberg, Nana: Die Bildkarriere eines kulturellen Stereotyps. 14. Juli 1894: Mohrenwäsche im Leipziger Zoo. In: Alexander Honold, Klaus R. Scherpe (Hg.): Mit Deutschland um die Welt. Eine Kulturgeschichte des Fremden in der Kolonialzeit. Stuttgart: Metzler 2004, S. 173–182.
– Spiel um Kamerun. Weihnachten 1885: Kolonialismus in Brett- und Gesellschaftsspielen. In: Alexander Honold, Klaus R. Scherpe (Hg.): Mit Deutschland um die Welt. Eine Kulturgeschichte des Fremden in der Kolonialzeit. Stuttgart: Metzler 2004, S. 86–94.
Baier, Bettina: Der Leipziger Krystallpalast. Bau- und Kulturgeschichte des Krystallpalast-Areals. Leipzig: Lehmstedt 2019.
Baleshzar, Lydia: Völkerschauen im Zoologischen Garten Leipzig 1879–1931. In: Claus Deimel, Sebastian Lentz, Bernhard Streck (Hg.): Auf der Suche nach Vielfalt. Ethnographie und Geographie in Leipzig. Leipzig: Leibniz-Institut für Länderkunde 2009, S. 427–448.
Barth, Heinrich: Reisen und Entdeckungen in Nord- und Central-Afrika in den Jahren 1849 bis 1855. 5 Bde. Gotha: Perthes 1857–1858.
Bechhaus-Gerst, Marianne: »Nie liebt eine Mutter ihr Kind mehr, als wenn es krank ist«. Der Kolonialrevisionismus (1919–1943). In: Marianne Bechhaus-Gerst, Joachim Zeller (Hg.): Deutschland postkolonial? Die Gegenwart der imperialen Vergangenheit. Berlin: Metropol 2018, S. 101–122.
Bericht über die Öffentliche Handelslehranstalt zu Leipzig für

das 69. Schuljahr 1899–1900. Leipzig 1900.
Bericht über die Öffentliche Handelslehranstalt zu Leipzig für das 78. Schuljahr. Leipzig 1909.
Blanchard, Pascal; Nicolas Bancel, Gilles Boëtsch, Éric Deroo, Sandrine Lemaire (Hg.): MenschenZoos. Schaufenster der Unmenschlichkeit. Hamburg: Les éditions du Crieur Public 2012. Einleitung S. 10–65.
Blesse, Giselher: Karl Weule und seine Bedeutung für die Völkerkunde in Leipzig. In: Claus Deimel, Sebastian Lentz, Bernhard Streck (Hg.): Auf der Suche nach Vielfalt. Ethnographie und Geographie in Leipzig. Leipzig: Leibniz-Institut für Länderkunde 2009, S. 143–169.
– Altamira-Decke und Palau-Haus. Das Museum für Völkerkunde zu Leipzig und die Bugra. In: Die Welt in Leipzig. Bugra 1914. Im Auftrag der Maximilian-Gesellschaft hg. von Ernst Fischer und Stephanie Jacobs. Hamburg: Maximilian-Gesellschaft 2014, S. 509–539.
Bodenstein, Felicity; Christine Howald: Weltkunst unter Verdacht. Raubkunst, ihre Geschichte und Erinnerungskultur in deutschen Sammlungen. In: Marianne Bechhaus-Gerst, Joachim Zeller (Hg.): Deutschland postkolonial? Die Gegenwart der imperialen Vergangenheit. Berlin: Metropol 2018, S. 532–546.
Brahm, Felix; Adam Jones: Afrikanistik. In: Geschichte der Universität Leipzig 1409–2009. Bd. 4/1. Hg. von Ulrich von Hehl, Uwe John und Manfred Rudersdorf. Leipzig: Leipziger Universitätsverlag 2009, S. 295–324.
Brahm, Felix: Wissenschaft und Dekolonisation. Paradigmenwechsel und institutioneller Wandel in der akademischen Beschäftigung mit Afrika in Deutschland und Frankreich, 1930–1970. Stuttgart: Steiner 2010.
Brändle, Rea: Wildfremd, hautnah. Zürcher Völkerschauen und ihre Schauplätze 1835–1964. Erw. Neuausgabe. Zürich: Rotpunktverlag 2013.
Brauner, Siegmund: Afrikanistik in Leipzig (1). 1895–1945. Köln: Köppe 1999.
Brogiato, Heinz Peter (Hg.): Meyers Universum. Zum 150. Geburtstag des Leipziger Verlegers und Geographen Hans Meyer (1858–1929). Leipzig: Leibniz-Institut für Länderkunde 2008.
Brogiato, Heinz Peter: Leipzig: Hans Meyers Grab. In: Ulrich van der Heyden (Hg.): Kolonialismus hierzulande. Eine Spurensuche in Deutschland. Erfurt: Sutton 2007, S. 113–116.
– Die wissenschaftlichen Sammlungen des Leibniz-Instituts für Länderkunde. In: Claus Deimel, Sebastian Lentz, Bernhard Streck (Hg.): Auf der Suche nach Vielfalt. Ethnographie und Geographie in Leipzig. Leipzig: Leibniz-Institut für Länderkunde 2009, S. 379–390.
– »Sich selbst ein Monument gesetzt« – Hans Meyer und der Kilimandscharo. In: Heinz-Peter Brogiato, Matthias Röschner (Hg.): Koloniale Spuren in den Archiven der Leibniz-Gemeinschaft. Halle: Mitteldeutscher Verlag 2020, S. 52–73.
Cottin, Markus u. a. (Hg.): Leipziger Denkmale. Beucha: Sax 1998.
Cronau, Rudolf: Erläuterungen und Programm zu den Vorführungen von Ernst Pinkert's Beduinen-Karawane [Leipzig 1888].
Deimel, Claus; Sebastian Lentz, Bernhard Streck (Hg.): Auf der Suche nach Vielfalt. Ethnographie und Geographie in Leipzig. Leipzig: Leibniz-Institut für Länderkunde 2009.
Denzel, Markus: Die wirtschaftliche Bilanz des deutschen Kolonialreiches. In: Horst Gründer, Hermann Hiery (Hg.): Die Deutschen und ihre Kolonien. Ein Überblick. Berlin: be-bra 2017, S. 144–160.
Deutsche Missionsarbeit im Film. In: Der Kolonialdeutsche Nr. 19/1928, S. 321.
Deutsches Museum von Meisterwerken der Naturwissenschaft und Technik in München. Rundgang durch die Sammlungen. Amtliche Ausgabe. Bearb. von Hans Goetz. München 1928.
Dittrich, Lothar; Annelore Rieke-Müller: Carl Hagenbeck (1844–1913). Tierhandel und Schaustellungen im deutschen Kaiserreich. Frankfurt am Main u. a.: Lang 1998.
Döring, Detlef: Grundzüge der städtischen Entwicklung in der Frühen Neuzeit. In: Geschichte der Stadt Leipzig. Bd. 2: Von der Reformation bis zum Wiener Kongress. Hg. von Detlef Döring. Leipzig: Leipziger Universitätsverlag 2016, S. 17–70.
Döring, Hans-Joachim: Einleitung. In: Birgit Neumann-Becker, Hans-Joachim Döring (Hg.): Für Respekt und Anerkennung. Die mosambikanischen Vertragsarbeiter und das schwierige Erbe aus der DDR. Halle: Mitteldeutscher Verlag 2020, S. 11–27.
Drost, Dietrich: Museum für Völkerkunde zu Leipzig. Wegweiser durch Geschichte und Ausstellung. Leipzig: Museum für Völkerkunde zu Leipzig 1971.
Ebersbach, Margit: Herder-Institut. In: Geschichte der Universität Leipzig 1409–2009. Bd. 4/1. Hg. von Ulrich von Hehl, Uwe John und Manfred Rudersdorf. Leipzig: Leipziger Universitätsverlag 2009, S. 562–574.
Fiedler, Klaus: Christentum und afrikanische Kultur. Konservative deutsche Missionare in Tanzania. Gütersloh: Gütersloher Verlagshaus Mohn 1983.
Fischer, P.: Die Sondergruppe für Kolonialbedarf auf der Leipziger Messe. In: Der Kolonialdeutsche Nr. 5, 1. März 1926, S. 69f.
Franke, Gunther; Horst Mutscher, Albrecht Pfeiffer: Das Institut für tropische Landwirtschaft der Karl-Marx-Universität Leipzig 1960 bis 1992. Leipzig: Engelsdorfer Verlag 2009.
Fritsch, Kathrin: Die Leipziger Baumwoll- und Sisalplantagen in Deutsch-Ostafrika (Leipziger Arbeiten zur Geschichte und Kultur in Afrika, 12). Leipzig 2007.
Fritzsche, Claudia: Leben und Wirken von Prof. Paul Carly Seyfarth (1890–1950) unter besonderer Berücksichtigung seiner Tätigkeit als Direktor und Chefarzt der Inneren Abteilung des Städtischen Krankenhauses St. Georg in Leipzig. Diss. masch. Leipzig 2003.
Führer durch die Ausstellung Afrika – Ostafrika. Leipzig: Museum für Länderkunde / Museum für Völkerkunde 1928.
Gäbler, Ulrich: Ein Missionarsleben. Hermann Gäbler und die Leipziger Mission in Südindien (1891–1916). Leipzig: Evangelische Verlagsanstalt 2018.
Gebbing, Johannes: Ein Leben für Tiere. Erinnerungen und Gedanken eines Tiergärtners und Afrikafahrers. Mannheim: Bibliographisches Institut 1957.
Gehre, Anka: Postmoderne Existenzen. Über die Lebenssituation vietnamesischer ehemaliger VertragsarbeiterInnen der DDR nach der Wende. München: GRIN 2013.
Geider, Thomas: Afrikanische Sprachen und Literaturen an der Universität Leipzig. In: Claus Deimel, Sebastian Lentz, Bernhard Streck (Hg.): Auf der Suche nach Vielfalt. Ethnographie und Geographie in Leipzig. Leipzig: Leibniz-Institut für Länderkunde 2009, S. 193–205.
Geisenhainer, Katja; Dirk Preuß, Uwe Hoßfeld: Physische Anthropologie in Leipzig. In: Claus Deimel, Sebastian Lentz, Bernhard Streck (Hg.): Auf der Suche nach Vielfalt. Ethnographie und Geographie in Leipzig. Leipzig: Leibniz-Institut für Länderkunde 2009, S. 171–183.
Geisenhainer, Katja: »Rasse ist Schicksal«. Otto Reche (1879–1966) – ein Leben als Anthropologe und Völkerkundler (Beiträge zur Leipziger Universitäts- und Wissenschaftsgeschichte. Reihe A 1). Leipzig: Evangelische Verlagsanstalt 2002.
– Ethnologie. In: Geschichte der Universität Leipzig 1409–2009. Bd. 4/1. Hg. von Ulrich von Hehl, Uwe John und Manfred Rudersdorf. Leipzig: Leipziger Universitätsverlag 2009, S. 367–392.
Göschel, Hans: Von der Handelstechnik zur Betriebswirtschaftslehre. In: Ders.: Die Handelshochschule in Leipzig. Leipzig: Handelshochschule Leipzig 2008, S. 77–91.
Gräbel, Carsten: Die Erforschung der Kolonien. Expeditionen und koloniale Wissenskultur deutscher Geographen 1884–1919. Bielefeld: transcript 2015.
Greif, Thomas: Carl Ittameier (1882–1989). Missionsarzt in Deutsch-Ostafrika. In: Thomas Greif (Hg.): Ferne Nähe. Weltweite Diakonie aus Bayern. Begleitband zur Ausstellung im Diakoniemuseum Rummelsburg. Lindenberg: Josef Fink 2020, S. 212–217.
Gründer, Horst; Hermann Hiery (Hg.): Die Deutschen und ihre Kolonien. Ein Überblick. Berlin: be.bra 2017.

Gründer, Horst: Mission und Kolonialismus – Historische Beziehungen und strukturelle Zusammenhänge. In: Ders.: Christliche Heilsbotschaft und weltliche Macht. Studien zum Verhältnis von Mission und Kolonialismus. Hg. von Franz Joseph Post, Thomas Küster und Clemens Sorgenfrey. Münster: LIT 2004, S. 7–19.

– Kolonialismus ohne Kolonien. In: Horst Gründer, Hermann Hiery (Hg.): Die Deutschen und ihre Kolonien. Ein Überblick. Berlin: be-bra 2017, S. 161–175.

– Geschichte der deutschen Kolonien. 7., aktualisierte und erweiterte Auflage. Paderborn: Schöningh 2018.

Gudermann, Rita: Der Sarotti-Mohr. Die bewegte Geschichte einer Werbefigur. Berlin: Links 2004.

Haagen-Wulff, Monica van der: Postkoloniale Themen. In: Marianne Bechhaus-Gerst, Joachim Zeller (Hg.): Deutschland postkolonial? Die Gegenwart der imperialen Vergangenheit. Berlin: Metropol 2018, S. 319–335.

Haikal, Mustafa; Jörg Junhold: Auf der Spur des Löwen. 125 Jahre Zoo Leipzig. Leipzig: Pro Leipzig e. V. 2003.

– Ernst Pinkert. In: Sächsische Lebensbilder. Bd. 7: Leipziger Lebensbilder. Der Stadt Leipzig zu ihrer Ersterwähnung vor 1000 Jahren. Hg. von Gerald Wiemers. Stuttgart: Steiner 2015, S. 461–473.

Haikal, Mustafa: Die Leipziger Löwenfabrik. Lebensläufe und Legenden. Leipzig: Pro Leipzig 2006.

– Die Debatte über Kolonialgeschichte in Leipzig, die Völkerschauen im Zoo und Ernst Pinkert – eine quellenkritische Annäherung. Leipzig 2020.

Hamann, Christof, Alexander Honold: Kilimandscharo. Die deutsche Geschichte eines afrikanischen Berges. Berlin: Wagenbach 2011.

Hamburgische Universität. Abhandlungen aus dem Gebiet der Auslandskunde. Bd. 13. – Reihe D. Medizin, Bd. 1. Hamburg: Friederichsen & Co. 1923.

Hamilton, Majida: Mission im kolonialen Umfeld. Deutsche protestantische Missionsgesellschaften in Deutsch-Ostafrika. Göttingen: Universitätsverlag 2010.

Harms, Heinrich: Vaterländische Erdkunde im Anhang Deutschlands Kolonien. 9. Aufl. Leipzig: List & von Bressensdorf 1909.

Hasse, Ernst: Deutsche Politik. Bd. 1: Heimatpolitik. Heft 4: Die Zukunft des deutschen Volkstums. München: Lehmann 1907.

Hassert, Kurt: Deutschlands Kolonien. Erwerbungs- und Entwicklungsgeschichte, Landes- und Volkskunde und wirtschaftliche Bedeutung unserer Schutzgebiete. Leipzig: Seele 1899, 2. Aufl. ebd. 1910.

Hehl, Ulrich von; Markus Huttner: Geschichte. In: Geschichte der Universität Leipzig 1409–2009. Bd. 4/1. Hg. von Ulrich von Hehl, Uwe John und Manfred Rudersdorf. Leipzig: Leipziger Universitätsverlag 2009, S. 157–196.

Henrici, Ernst: Kolonialwirtschaftliche Aufgaben des deutschen Kaufmanns. Leipzig: Max Hesse 1908 (Beilage zum Bericht der Öffentlichen Handelslehranstalt zu Leipzig für das 77. Schuljahr [1907–1908]).

Hevia, James L.: Krieg als Expedition. Die alliierten Truppen unter Alfred Graf von Waldersee. In: Mechthild Leutner, Klaus Mühlhahn (Hg.): Kolonialkrieg in China. Die Niederschlagung der Boxerbewegung 1900–1901. Berlin: Links 2007, S. 123–134.

Hexelschneider, Erhard: Ein Anfang vor dem Anfang – vom Institut für Ausländerstudium zum Herder-Institut (1951–1956). In: Manfred Neuhaus, Helmut Seidel (Hg.): Universität im Aufbruch – Leipzig 1945–1956. Beiträge des siebenten Walter-Markov-Kolloquiums. Leipzig: Rosa-Luxemburg-Stiftung Sachsen 2002, S. 111–116.

Heyden, Ulrich van der; Joachim Zeller (Hg.): Kolonialmetropole Berlin. Eine Spurensuche. Berlin: Berlin-Edition 2002.

Heyden, Ulrich van der (Hg.): Kolonialismus hierzulande. Eine Spurensuche in Deutschland. Erfurt: Sutton 2007.

Heyden, Ulrich van der: Die Afrikawissenschaften in der DDR. Eine akademische Disziplin zwischen Exotik und Exempel. Eine wissenschaftsgeschichtliche Untersuchung. Münster u. a.: LIT 1999.

– Deutsche Entdeckungsreisende in Afrika und der Kolonialismus. Das Beispiel Hans Meyer. In: Heinz Peter Brogiato (Hg.): Meyers Universum. Zum 150. Geburtstag des Leipziger Verlegers und Geographen Hans Meyer (1858–1929). Leipzig: Leibniz-Institut für Länderkunde 2008, S. 117–140.

– Die »Hottentottenwahlen« von 1907. In: Jürgen Zimmerer, Joachim Zeller (Hg.): Völkermord in Deutsch-Südwestafrika. Der Kolonialkrieg (1904–1908) in Namibia und seine Folgen. Berlin: Links 32016, S. 75–102.

– Antikolonialismus und Kolonialismuskritik in Deutschland. In: Marianne Bechhaus-Gerst, Joachim Zeller (Hg.): Deutschland postkolonial? Die Gegenwart der imperialen Vergangenheit. Berlin: Metropol 2018, S. 143–158.

– Das gescheiterte Experiment. Vertragsarbeiter aus Mosambik in der DDR-Wirtschaft (1979–1990). Leipzig: Leipziger Universitätsverlag 2019.

Heyn, Susanne: Koloniale Jugendarbeit in der Weimarer Republik. Rassifizierungsprozesse und Geschlechterkonzeptionen in dem Bühnenstück »Unvergessene, ferne Heimat!«. In: Wolfgang Gippert, Petra Götte, Elke Kleinau (Hg.): Transkulturalität. Gender- und bildungshistorische Perspektiven. Bielefeld: transcript 2008, S. 275–292.

Hiery, Hermann: Die Kolonialverwaltung. In: Horst Gründer, Hermann Hiery (Hg.): Die Deutschen und ihre Kolonien. Ein Überblick. Berlin: be.bra 2017, S. 179–200.

Hochmuth, Enrico: Industrie- und Gewerbeausstellungen in Sachsen 1824–1914. Beucha, Markkleeberg: Sax 2012.

Holfelder, Moritz: Unser Raubgut. Eine Streitschrift zur kolonialen Debatte. Berlin: Links 2019.

Hönsch, Ingrid: Die Entwicklung des Instituts 1896–1989. In: Alois Mayr, Frank-Dieter Grimm (Hg.): 100 Jahre Institut für Länderkunde 1896–1996. Entwicklung und Perspektiven. Festschrift. Leipzig: Institut für Länderkunde 1996, S. 11–33.

Horsch, Nadja; Simone Tübbecke (Hg.): Bürger, Gärten, Promenaden. Leipziger Gartenkultur im 18. und 19. Jahrhundert. Leipzig: Passage-Verlag 2018.

Ihmels, Carl: Rückblicke auf zwei Menschenalter Leipziger Mission. Erlangen: Verlag der Ev.-luth. Mission 1986, S. 1–99.

Illustrierte Chronik der Sächsisch-thüringischen Industrie- und Gewerbe-Ausstellung. Hg. von dem Geschäftsführenden Ausschuß der Ausstellung. Leipzig: Meisenbach Riffarth & Co. 1897.

Illustrierter Führer durch Leipzig und Umgebung. 33. Auflage. Leipzig: Woerl 1926.

Internationale Ausstellung für Buchgewerbe und Graphik Leipzig 1914. Amtlicher Führer. Leipzig 1914.

Ittamaier, Carl: Die Erhaltung und Vermehrung der Eingeborenen-Bevölkerung. Preisgekrönte Bearbeitung der Eduard Woermann-Preisaufgabe. In: Hamburgische Universität. Abhandlungen aus dem Gebiet der Auslandskunde. Bd. 13 – Reihe D. Medizin, Bd. 1. Hamburg: Friederichsen & Co. 1923, S. 1–82.

Jaguttis, Malte: Koloniales Unrecht im Völkerrecht der Gegenwart. In: Henning Melber (Hg.): Genozid und Gedenken. Namibisch-deutsche Geschichte und Gegenwart. Frankfurt am Main: Brandes & Apsel 2005, S. 121–140.

Jambo. Unterhaltungshefte über Reisen und Jagden, Forschungen und Abenteuer aus Kolonien und Übersee [wechselnde Untertitel]. Leipzig: Hörhold 1924–1943.

Jones, Adam: Afrika in Leipzig: Erforschung und Vermittlung eines Kontinents 1730–1950 [anlässlich der gleichnamigen Sonderausstellung in der Universitätsbibliothek]. Leipzig: Universität Leipzig. Institut für Afrikanistik 1995.

– Ethnographie als »Nebenprodukt« der Arbeit der Leipziger Mission in Ostafrika. In: Claus Deimel, Sebastian Lentz, Bernhard Streck (Hg.): Auf der Suche nach Vielfalt. Ethnographie und Geographie in Leipzig. Leipzig: Leibniz-Institut für Länderkunde 2009, S. 95–102.

Kleinschmidt, Christian; Dieter Ziegler: Deutsche Wirtschaftsinteressen zwischen Entwicklungshilfe und Dekolonisierung: eine Einleitung. In: Dies. (Hg): Dekolonisierungsgewinner. Deutsche Außenpolitik und Außenwirtschaftsbeziehungen im Zeitalter des Kalten Krieges. Berlin, Boston: De Gruyter, Oldenbourg 2018, S. 1–17.

Klunkert, Gabriele: Schaustellungen und Volksbelustigungen auf Leipziger Messen des 19. Jahrhunderts. Göttingen: Cuvillier 2010.

Koloniale Studien. Hans Meyer zum siebzigsten Geburtstag am 22. März 1928. Dargebracht von seinen Freunden, Verehrern und Schülern. Berlin: Reimer, Vohsen 1928.
Kößler, Reinhart; Henning Melber: Völkermord – Anerkennung ohne Entschuldigung und Entschädigung? Verwicklungen in verwobener Geschichte. In: Marianne Bechhaus-Gerst, Joachim Zeller (Hg.): Deutschland postkolonial? Die Gegenwart der imperialen Vergangenheit. Berlin: Metropol 2018, S. 223–242.
Küas, Richard: Das zweite Gesicht und andere Erzählungen aus unseren Kolonien. Berlin, Leipzig: Hillger [1912].
– Togo. Erinnerungen. Berlin: Vorhut-Verlag Otto Schlegel 1939.
Kunst aus Benin – Sammlung Meyer. Hg. von der Kulturstiftung der Länder in Verbindung mit dem Museum für Völkerkunde zu Leipzig/Grassimuseum. Leipzig: Museum für Völkerkunde zu Leipzig/Grassimuseum 2002.
Kupferschmidt, Franz: Alphons Stübel und das Deutsche Museum für Länderkunde zu Leipzig. In: Museumskunde. Neue Folge VIII, H. 1. Sonderdruck. Berlin: de Gruyter [ca. 1936].
Laak, Dirk van: Imperiale Infrastruktur. Deutsche Planungen für eine Erschließung Afrikas 1880 bis 1960. Paderborn: Schöningh 2004.
Lehmann, Alfred: Schaustellungen im Leipziger Zoo. In: Karl Max Schneider (Hg.): Vom Leipziger Zoo. Aus der Entwicklung einer Volksbildungsstätte. Leipzig: Geest & Portig 1953, S. 72–92.
Lehmann, Steffen: Leipziger Missionare und kolonialer Alltag auf dem ›Missionsfeld‹ am Kilimanjaro 1893–1939 (Leipziger Arbeiten zur Geschichte und Kultur in Afrika, 1). Leipzig 2003.
Leonhardi, Friedrich Gottlob: Leipzig um 1800. Hg. von Klaus Sohl. Leipzig: Lehmstedt 2010 (Neudruck der Ausgabe von 1799).
Linck, Johann Heinrich: Index Musaei Linckiani, oder kurzes systematisches Verzeichniß der vornehmsten Stücke der Linckischen Naturaliensammlung zu Leipzig. 3 Bde. Leipzig 1783–1787.
Lingelbach, Jochen: War da was? Spuren des Kolonialismus in Leipzig. In: Ulrich van der Heyden (Hg.): Kolonialismus hierzulande. Eine Spurensuche in Deutschland. Erfurt: Sutton 2007, S. 53–60.
Löffler, Katrin: Leipziger »Zigeunerleben«. Annäherung an die Geschichte der Roma in Leipzig. In: Leipziger Blätter 65, Herbst 2014, S. 50–53.
Markov, Walter: Wie viele Leben lebt der Mensch. Eine Autobiographie aus dem Nachlaß. Leipzig: Faber & Faber 2009.
May, Ferdinand: Sturm über Südwest-Afrika. Eine Erzählung aus den Tagen des Hereroaufstandes. Berlin: Neues Leben 1962, 2. Auflage 1964.
Memmi, Albert: Rassismus. Frankfurt am Main: Anton Hain 1992.
Meyer, Hans (Hg.): Das Deutsche Kolonialreich. Bd. 1–2. Leipzig, Wien: Bibliographisches Institut 1909–1910.
Meyer, Hans: Eine Weltreise. Plaudereien aus einer zweijährigen Erdumsegelung. Leipzig, Wien: Bibliographisches Institut 1885.
– Zum Schneedom des Kilimandscharo. Berlin: Meidinger 1888.
– Ostafrikanische Gletscherfahrten. Forschungsreisen im Kilimandscharo-Gebiet. Leipzig: Duncker & Humblot 1890.
Michels, Eckard: Geschichtspolitik im Fernsehen. Die WDR-Dokumentation »Heia Safari« von 1966/67 über Deutschlands Kolonialvergangenheit. In: Vierteljahrshefte für Zeitgeschichte 56, 3/2008, S. 467–492.
Michels, Stefanie: Der Askari. In: Jürgen Zimmer (Hg.): Kein Platz an der Sonne. Erinnerungsorte der deutschen Kolonialgeschichte. Frankfurt am Main: Campus 2013, S. 294–308.
Moritzen, Niels-Peter: Werkzeug Gottes in der Welt. Leipziger Mission 1836 – 1936 – 1986. Erlangen: Verlag der Ev.-luth. Mission 1985.
Morlang, Thomas: Rebellion in der Südsee. Der Aufstand auf Ponape gegen die deutschen Kolonialherren 1910/11. Berlin: Links 2010.
Müller, Johann Christian: Meines Lebens Vorfälle und Nebenumstände. Bd. 1: Kindheit und Studienjahre (1720–1746). Hg. von Katrin Löffler und Nadine Sobirai. Leipzig: Lehmstedt 2007.
Müller, Martin: In Afrika verschollen. Leipzig: Brockhaus 1952.
Neumann-Becker, Birgit; Hans-Joachim Döring (Hg.): Für Respekt und Anerkennung. Die mosambikanischen Vertragsarbeiter und das schwierige Erbe aus der DDR. Halle: Mitteldeutscher Verlag 2020.
Neunzehnter Jahresbericht für die Frauen-Hilfsvereine der Evangelisch-lutherischen Mission zu Leipzig. Leipzig: Verlag der Ev.-luth. Mission 1914.
Nganang, Patrice: Erzählungen des Kolonialismus, Nationalismus und des Ichs. Schreiben unter kolonialer Herrschaft in Kamerun. In: Deutscher Kolonialismus. Fragmente seiner Geschichte und Gegenwart. Hg. vom Deutschen Historischen Museum. Darmstadt: Wissenschaftliche Buchgesellschaft 2016, S. 84–91.
Öffentliche Höhere Handelslehranstalt mit Wirtschaftsoberschule und Lehrlingsabteilung zu Leipzig. 1831–1931. Festschrift zur Feier des hundertjährigen Bestehens. Leipzig: J. C. Hinrichssche Buchhandlung 1931.
Oloukpona-Yinnon, Adjaï Paulin: Unter deutschen Palmen. Die »Musterkolonie« Togo im Spiegel deutscher Kolonialliteratur (1884–1944). Frankfurt am Main: IKO 1998.
Osterhammel, Jürgen: Forschungsreise und Kolonialprogramm. Ferdinand von Richthofen und die Erschließung Chinas im 19. Jahrhundert. In: Archiv für Kulturgeschichte 69 (1987), H. 1, S. 150–197.
Pesek, Michael: Koloniale Herrschaft in Deutsch-Ostafrika. Expeditionen, Militär und Verwaltung seit 1880. Frankfurt am Main: Campus 2005.
Poeschel, Hans: Bwana Hakimu. Richterfahrten in Deutsch-Ostafrika. Leipzig: Voigtländer [1922].
Polko, Elise: Erinnerungen an einen Verschollenen. Aufzeichnungen und Briefe von und über Eduard Vogel, gesammelt von seiner Schwester. Leipzig: Weber 1863.
Prüfer, Tillmann: Der heilige Bruno. Die unglaubliche Geschichte meines Urgroßvaters am Kilimandscharo. Reinbek: Rowohlt 2015.
Ratzel, Friedrich: Vorrede zu Kurt Hassert: Erwerbungs- und Entwicklungsgeschichte, Landes- und Volkskunde und wirtschaftliche Bedeutung unserer Schutzgebiete. Leipzig: Seele 1899, o. S.
Raydt, Hermann: Zur Begründung einer Handels-Hochschule in Leipzig. Eine Denkschrift, im Auftrag der Handelskammer zu Leipzig. Leipzig [Breitkopf & Härtel] 1897.
Reche, Otto (Hg.): In Memoriam Karl Weule. Beiträge zur Völkerkunde und Vorgeschichte. Leipzig: Voigtländer 1929.
Richter, Roland: Die erste deutsche Kolonialausstellung 1896. Der »Amtliche Bericht« in historischer Perspektive. In: Robert Debusmann, János Riesz (Hg.): Kolonialausstellungen – Begegnungen mit Afrika? Frankfurt: IKO-Verlag 1995.
Ringelnatz, Joachim: Mein Leben bis zum Kriege (Das Gesamtwerk in sieben Bänden, Bd. 6). Hg. von Walter Pape. Zürich: Diogenes 1994.
Ruppenthal, Jens: Das Hamburgische Kolonialinstitut und die Kolonialwissenschaften. In: Jürgen Zimmerer (Hg.): Kein Platz an der Sonne. Erinnerungsorte der deutschen Kolonialgeschichte. Frankfurt, New York: Campus 2013, S. 257–269.
Salooja, Ravinder: »Dienet dem Reich Gottes, nicht dem deutschen Reich!«. Mission in der Kolonialzeit am Beispiel des Leipziger Missionswerks, Vortrag, abzurufen unter https://www.leipziger-missionswerk.de/themen/mission-und-kolonialismus.html [14.05.2021].
Satzungen der Handelshochschule zu Leipzig. Leipzig [1916].
Scheps, Birgit: Das Museum Godeffroy in Hamburg und seine Südsee-Sammlungen. In: Claus Deimel, Sebastian Lentz, Bernhard Streck (Hg.): Auf der Suche nach Vielfalt. Ethnographie und Geographie in Leipzig. Leipzig: Leibniz-Institut für Länderkunde 2009, S. 337–345.
Schmidt, Helga: Geographie. In: Geschichte der Universität Leipzig 1409–2009. Bd. 4/2. Hg. von Ulrich von Hehl, Uwe John und Manfred Rudersdorf. Leipzig: Leipziger Universitätsverlag 2009, S. 1309–1332.

Schramm, Albert: Die Ausstellung der deutschen Kolonien. In: Archiv für Buchgewerbe 3/4 1915, S. 140–143.

Schröder, Martin: Prügelstrafe und Züchtigungsrecht in den deutschen Schutzgebieten Schwarzafrikas. Münster: Lit 1997.

Schuberth, Konrad: Ernst Vollbehr. Maler zwischen Paradies und Hölle. Halle: Mitteldeutscher Verlag 2017.

Schüle, Annegret: »Die Spinne«. Die Erfahrungen weiblicher Industriearbeit im VEB Leipziger Baumwollspinnerei. Leipzig: Leipziger Universitätsverlag 2001.

Schulz, Hans-Dietrich: Friedrich Ratzel. Bellezistischer Raumtheoretiker mit Naturgefühl oder Vorläufer der NS-Lebensraumpolitik? In: Claus Deimel, Sebastian Lentz, Bernhard Streck (Hg.): Auf der Suche nach Vielfalt. Ethnographie und Geographie in Leipzig. Leipzig: Leibniz-Institut für Länderkunde 2009, S. 125–142.

Schwartz, Karl von: Mission und Kolonisation in ihrem gegenseitigen Verhältnis. Leipzig: Verlag der Ev.-luth. Mission zu Leipzig 1908; 2., bearb. Aufl. 1912.

Sebald, Peter: Malam Musa – G. A. Krause 1850–1938. Forscher – Wissenschaftler – Humanist. Berlin: Akademie-Verlag Berlin 1972.

– Togo unter deutscher Kolonialherrschaft 1884–1914. Berlin (Ost): Akademie der Wissenschaften der DDR 1984.

– Die deutsche Kolonie Togo 1884–1914. Berlin: Links 2013.

Seige, Christine: Erwerbspolitik und Sammelstrategien am Museum für Völkerkunde zu Leipzig. Ein Überblick von der Zeit seiner Gründung bis zum Ende des Zweiten Weltkrieges (1869–1945). In: Claus Deimel, Sebastian Lentz, Bernhard Streck (Hg.): Auf der Suche nach Vielfalt. Ethnographie und Geographie in Leipzig. Leipzig: Leibniz-Institut für Länderkunde 2009, S. 263–293.

Seyfarth, Carly: Eine medizinisch-ethnographische Studienreise nach Deutsch- und Britisch-Ostafrika. Leipzig: Noske 1913.

Sippel, Harald: Rassismus, Protektionismus oder Humanität? Die gesetzlichen Verbote der Anwerbung von »Eingeborenen« zu Schaustellungszwecken in den deutschen Kolonien. In: Robert Debusmann, János Riesz (Hg.): Kolonialausstellungen – Begegnungen mit Afrika? Frankfurt: IKO-Verlag 1995, S. 43–64.

– Mission und Gewalt in Deutsch-Ostafrika. Das Verhältnis zwischen Mission und Kolonialverwaltung. In: Ulrich van der Heyden, Jürgen Becher (Hg.): Mission und Gewalt. Der Umgang christlicher Missionen mit Gewalt und die Ausbreitung des Christentums in Afrika und Asien in der Zeit von 1792 bis 1918/19. Stuttgart: Steiner 2000, S. 525–538.

Speitkamp, Winfried: Kolonialdenkmäler. In: Jürgen Zimmerer (Hg.): Kein Platz an der Sonne. Erinnerungsorte der deutschen Kolonialgeschichte. Frankfurt, New York: Campus 2013, S. 409–423.

Spitzner, Karl Walter; Heinrich Schäfer: Die Karakulzucht in Südwestafrika und das Haus Thorer. Hg. von den süd- und südwestafrikanischen Thorer-Unternehmen. Kapstadt 1962.

Streck, Bernhard: Kurze Geschichte des Instituts für Ethnologie der Universität Leipzig (2016), https://www.about-africa.de/kunst-und-kontext/ausgabe-05-2013/655-kurze-geschichte-des-instituts-fuer-ethnologie-der-universitaet-leipzig [27.02.2021].

Thode-Arora, Hilke: Für fünfzig Pfennig um die Welt. Die Hagenbeckschen Völkerschauen. Frankfurt am Main: Campus 1989.

– Hagenbecks Europatourneen und die Entwicklung der Völkerschauen. In: Pascal Blanchard, Nicolas Bancel, Gilles Boëtsch, Éric Deroo, Sandrine Lemaire (Hg.): MenschenZoos. Schaufenster der Unmenschlichkeit. Hamburg: Les Éditions du Crieur Public 2012, S. 160–171.

Tschinag, Galsan: Kennst du das Land. Leipziger Lehrjahre. Zürich: Unionsverlag 2018.

Veröffentlichungen des Städtischen Museums für Länderkunde zu Leipzig. Heft 12: Bericht über die Jahre 1909–1913. Hg. von der Direktion. Leipzig 1914.

Vogel, Johann Jacob: Leipzigisches Geschicht-Buch oder Annales. Leipzig: Friedrich Lanckischs Erben 1714.

Wagner, Hermann: Ed[uard] Vogel, der Afrika-Reisende. Schilderung der Reisen und Entdeckungen des Dr. Eduard Vogel in Central-Afrika. Leipzig: Spamer 1860.

Walkenhorst, Peter: Nation – Volk – Rasse. Radikaler Nationalismus im Deutschen Kaiserreich 1890–1914. Göttingen: Vandenhoeck & Ruprecht 2007.

Weidauer, Johannes: Werden und Wachsen der Leipziger Mission. Leipzig: Verlag der Ev.-luth. Mission [1936].

Weishaupt, Martin: Ostafrikanische Wandertage. Durch das Gebiet der Leipziger Mission in Deutsch-Ostafrika. Leipzig: Verlag der Ev.-luth. Mission 1913.

– Krankendienst in Afrika. Leipzig: Verlag der Ev.-luth. Mission [1936].

– Unsere afrikanische Schularbeit. Leipzig: Verlag der Ev.-luth. Mission [1936].

Weltausstellung für Buchgewerbe und Graphik. Leipzig 1914.

Weule, Karl: Leitfaden der Völkerkunde. Leipzig, Wien: Bibliographisches Institut 1912.

– 50 Jahre Völkerkundemuseum! In: Jahrbuch des städtischen Museums für Völkerkunde zu Leipzig. Zugleich Festschrift zur Feier des Fünfzigjährigen Bestehens des Museums. Hg. von der Direktion. Leipzig: Voigtländer 1922, S. 5–9.

Wimmelbücker, Ludger: Verbrannte Erde. Zu den Bevölkerungsverlusten als Folge des Maji-Maji-Krieges. In: Felicitas Becker, Jigal Beez (Hg.): Der Maji-Maji-Krieg in Deutsch-Ostafrika 1905–1907. Berlin: Links 2005, S. 87–99.

Woerl, Leo: Samoa. Land und Leute. Leipzig: Woerl 1901.

Wolter, Stefanie: Die Vermarktung des Fremden. Exotismus und die Anfänge des Massenkonsums. Frankfurt am Main: Campus 2005.

[Zedler] Grosses vollständiges Universal-Lexicon aller Wissenschafften und Künste. Bd. 21. Halle und Leipzig: Johann Heinrich Zedler 1739.

Zeitler, Julius: Herr von Monconys in Leipzig und die Naturalien-Kammer des Bürgermeisters Christian Lorenz von Adlershelm. In: Leipziger Kalender 1907. Leipzig: Georg Merseburger 1907, S. 77–91.

Zeller, Joachim: Kolonialdenkmäler und Geschichtsbewußtsein. Eine Untersuchung der kolonialdeutschen Erinnerungskultur. Frankfurt am Main: IKO 2000.

– Kolonialdenkmäler in Berlin. In: Ulrich van der Heyden, Joachim Zeller (Hg.): Kolonialmetropole Berlin. Eine Spurensuche. Berlin: Berlin-Edition 2002, S. 169–181.

– (Post-)Koloniale Gedächtnistopografien in Deutschland. Möglichkeiten und Grenzen einer »Dekolonisation der Kolonisierer«. In: Marianne Bechhaus-Gerst, Joachim Zeller (Hg.): Deutschland postkolonial? Die Gegenwart der imperialen Vergangenheit. Berlin: Metropol 2018, S. 336–365.

– Weg vom Vergessen? (Post)Koloniale Erinnerungskultur in Deutschland. In: Henning Melber (Hg.): Deutschland und Afrika – Anatomie eines komplexen Verhältnisses. Frankfurt am Main: Brandes & Apsel 2019, S. 173–185.

Zimmerer, Jürgen; Joachim Zeller (Hg.): Völkermord in Deutsch-Südwestafrika. Der Kolonialkrieg (1904–1908) in Namibia und seine Folgen. Berlin: Links 32016.

Zimmerer, Jürgen: Der erste Völkermord des 20. Jahrhunderts. Über den schwierigen Umgang mit Deutschlands kolonialem Erbe. In: Deutscher Kolonialismus. Fragmente seiner Geschichte und Gegenwart. Hg. vom Deutschen Historischen Museum. Darmstadt: Wissenschaftliche Buchgesellschaft 2016, S. 138–145.

– Krieg, KZ, Völkermord in Südwestafrika. Der erste deutsche Genozid. In: Jürgen Zimmerer, Joachim Zeller (Hg.): Völkermord in Deutsch-Südwestafrika. Der Kolonialkrieg (1904–1908) in Namibia und seine Folgen. Berlin: Links 32016, S. 45–63.

Zollmann, Jakob: Militär, Kriege und Gewalt. In: Horst Gründer, Hermann Hiery (Hg.): Die Deutschen und ihre Kolonien. Ein Überblick. Berlin: be-bra 2017, S. 239–258.

Zu Friedrich Ratzels Gedächtnis. Geplant als Festschrift zum 60. Geburtstage, nun als Grabspende dargebracht von Fachgenossen und Schülern, Freunden und Verehrern. Leipzig: Seele 1904.

Namenregister

Dank

Für Anregungen und Unterstützung durch Bild- und Textmaterial, Gespräche, Recherche und kritische Lektüre danke ich herzlich Prof. Dr. Elke Blumenthal, Dr. Mustafa Haikal, Doris Kothe, Bernd-Lutz Lange, Dr. Angela Onasch, Dr. Nadine Schäfer, Dr. Christine Seige, Heidrun Sprinz, Carola Staniek, Dr. Ute Tischer, Manja Quakatz.

Impressum

Bildnachweis

Getu Abraham S. 78
Mahmoud Dabdoub S. 51, Titel
Bernd-Lutz Lange S. 13 u., 24 u., 26, 68 u., 73 M., u.
Katrin Löffler S. 6, 13 o., 17, 30, 45 u., 48, 65, 72 o., 73 o., 81, 86
Frank Scarbata S. 79
Josefine Sprinz S. 88, 89, 90, 91
Deutsche Nationalbibliothek Leipzig S. 14, 20, 27 o.
Deutsches Buch- und Schriftmuseum Leipzig, Bestand der Bibliothek des Börsenvereins der Deutschen Buchhändler zu Leipzig S. 29
Leibniz-Institut für Länderkunde Leipzig, Archiv für Geographie S. 16, 23 u., 41 u., 52
Leipziger Missionswerk S. 35 o., 37, 38
Museum für Völkerkunde Dresden S. 25
Passage-Verlag Leipzig S. 31, 33, 43
Stadtarchiv Leipzig S. 18 o., u., 19, 63, 77, 82
Stadtgeschichtliches Museum Leipzig S. 67
Universitätsbibliothek Leipzig S. 9, 10, 11, 12, 15 u., 21, 24 o., 36, 42, 43 o., M., 45 o., 53, 54, 55, 68 o., 70, 76
Universitäts- und Stadtbibliothek Köln S. 2, 23 o., 35 u., 50, 57 u., 71, 72 u.
Zoo Leipzig S. 58, 59, 61
Gemeinfrei S. 15 o., 22, 27 u., 39, 40, 41 o., 57 o., 84

Gestaltung und Herstellung

Passage-Verlag, Leipzig

Druck

fronte s.r.o.

ISBN 978-3-95415-116-5
Passage-Verlag 2021